传奇桃花湾

赵珩生　总策划
蒋育亮　主编
黄宝生　副主编
王布衣　著

魅力桃花湾丛书

GUANGXI NORMAL UNIVERSITY PRESS
广西师范大学出版社
·桂林·

图书在版编目（CIP）数据

传奇桃花湾 / 王布衣著. —桂林：广西师范大学出版社，2014.3
（魅力桃花湾丛书 / 蒋育亮主编）
ISBN 978-7-5495-5198-9

Ⅰ. ①传… Ⅱ. ①王… Ⅲ. ①名人－生平事迹－中国－通俗读物 Ⅳ. ①K820-49

中国版本图书馆 CIP 数据核字（2014）第 044918 号

广西师范大学出版社出版发行
（广西桂林市中华路 22 号　邮政编码：541001
网址：http://www.bbtpress.com）
出版人：何林夏
全国新华书店经销
桂林广大印务有限责任公司印刷
（广西桂林市临桂县金山路 168 号　邮政编码：541100）
开本：787 mm × 1 092 mm　1/32
印张：4.25　　字数：75 千字
2014 年 3 月第 1 版　　2014 年 3 月第 1 次印刷
定价：28.00 元

自治区党委书记彭清华在鲁家视察期间品尝鲁家传统美食豆腐花　周波 摄

2013年6月15日下午，自治区主席陈武（前中）在鲁家村视察　唐顺生 摄

开村一刻　汤志宏 摄

美丽新家园　文绍军 摄

总　序

赵琋生　蒋育亮

桃花江，漓江的姊妹河。

她，没有大家闺秀的漓江雍容华贵，更没有漓江因“山水甲天下”而声名远播。她，宛若一位低眉娇羞的邻家少女，“养在深闺人未识”。

桃花江，发源于灵川县青狮潭镇山上村委上古坪村的“磨石涔”，全长61公里。上游由磨石涔到临桂庙岭道光村，叫潦塘河，长约36公里。自道光村到桂林入漓江的下游段，则叫桃花江，长25公里。桃花江从灵川定江镇的莲塘村委进入秀峰区演波村，自南向北，又折北向南，形成大回环状，构成一个巨大的“几”字，最后在宁远河归入漓江。故桃花江在秀峰段，又叫桃花湾。

桃花江，原名“阳江”，后因江的上源有“华岩洞”，常有桃花从洞中漂出，故又名“桃花江”。明末文人邝露在桂林期间所著《赤雅》的卷中“华岩洞”条目中这样记载：“华岩洞，在灵川西南二十里，高数仞，显敞寡俦，香泉萦绕。世传常有桃花片，阔寸许，从洞中流出。壁上仙人诗，云：‘岩前流水无人渡，洞口碧桃花正开。东望蓬莱三万里，等闲归去等闲来。’”足见，桃花江自古充满神奇和浪漫。

桃花江畔旧时遍植桃花，阳光下映照一江绮丽。江上泛舟，河道迂回曲折，素有“九曲十八弯”之誉。进入桃花湾，两岸愈加峰回路转、阡陌似锦，好一派都市城郊的“世外桃源”。宋人张栻在《仲春过阳亭》的诗里这样写道：“亭古危临岸，林幽巧近城。烟容随雨住，花片着溪清。春事已如许，客怀谁与倾？亭前两好树，满意欲敷荣。”

在桃花湾，江流平缓，清幽恬静，自古倾倒无数文人墨客。

明清时期，江上画舫彩舟来往穿梭，盛极一时。明代诗人俞安期的《泛舟阳江》中写道：“放舸遵阳水，牵江上石梁。气冲微雨白，影入众山苍。雁急弦移柱，龙闲笛卧床。还歌彩菱曲，月出下回塘。”其中生动地描述了在桃花湾放棹观景的感受，也说明了明代桃花江已经成为放棹游览的胜地。清光绪十七年(1891)，桂林画家兼诗人朱树德发现了桃花江秋月当空美丽的梦幻夜色，不胜感叹：“秋夜，月明江流，照澈大桥，闲步一望，秋光如昼，月色皎洁，波影澄清，兼之漓山特起水滨，若瞻蓬岛。极目风景，爽气扑人眉宇之间。”于是，他诗兴大发，无比感怀地赋诗一首：“阳江城南绕，涟漪空翠浮。扁舟隔林浦，把钓当清流。蟾影一江澈，波光射危楼。澜回水月洞，澄涵古今秋。”诗的名字叫《阳江秋月》。从此，“桂林新八景”中收录了一处叫做“阳江秋月”的美景。

桃花湾，不仅风光旖旎，而且人杰地灵。

江畔的桥头村，唐朝曾诞生了广西第一位状元赵观文，在当时的“南蛮之地”名震中华。民国时期，芦笛岩下的庙门前村又出了一名大画家——阳太阳，他是漓江画派的领军人物，还获得了广西壮族自治区人民政府授予的“人民艺术家”称号。桃花湾的山峦，奇峰林立，让明代旅行家徐霞客流连忘返。甲山脚下的桃江河畔，是桂系的活动场所之一，曾建有诸多别墅，迄今仍保留着新桂系首领李宗仁的公馆。新中国成立后，中南局第一书记陶铸来桂调研，也曾寓居于此。

桃花湾流域的人民，为丰富多彩的桂林文化贡献了自己的聪明才智。桃花湾的敦睦村，是桂林米粉的发祥地。张家里的傩文化，是桂林傩舞、傩戏的“活化石”，宋徽宗时期即以八百变一副面具在皇宫技惊四座，如今仍保留着三十六神七十二相一百一十四首堪称天籁的傩乐。

桃花湾，所展现的历史文化极为珍贵、底蕴深厚，是桂林历史文化乃至岭南历史文化的瑰宝。桃花湾里的核心景区，有蜚声海内外的国宾洞——芦笛岩。芦笛岩洞深240米，游程500米，洞内有大量奇异多姿、玲珑剔透的石笋、石乳、石柱、石幔、石花，琳琅满目，组成狮岭朝霞、红罗宝帐、盘龙宝塔、原始森林、水晶宫、花果山等景观，游客目不暇接，如同仙境，被誉为“大自然的艺术之宫”，曾经先后接待了邓小平、李鹏、朱镕基、李瑞环等党和国家领导人。美国前总统尼克松、卡特，联合国前秘书长德奎利亚尔等80多个国家元首和政府首脑也曾前来参观游览。

美丽桃花湾，是大自然的慷慨馈赠，是桂林历史文化的丰厚遗产。

开发桃花江、建设桃花湾，加快建设桂林国际旅游胜地既是广大游客的热切祈盼，也是秀峰区人民和秀峰区政府一项紧迫的任务。2010年，秀峰区委、区政府决定以鲁家村建设为切入点，规划桃花湾、开发桃花湾，全面启动桃花江旅游度假区建设。在市委、市政府的领导下，在有关部门的通力支持下，仅仅三年时间，就将鲁家村拆旧重建，打造成为“广西特色旅游名村”。以鲁家村为龙头，又带动了庙门前、张家、合家等周边六个自然村改造建设。可以期待，不久的将来，桃花湾将成为桂林建设国际旅游胜地的靓丽名片。

为了帮助广大游客了解桂林、了解桃花江、关注桃花湾，我们特编辑出版《魅力桃花湾》丛书，力图从桃花湾的历史传说、风土人情、名人掌故、文化遗产和旅游资源进行深入挖掘，全方位地展示独具魅力的桃花湾，以飨读者。

是为序。

2013年11月30日

序

桃花湾之美

桃花湾有大美而不言。

桃花湾之美，在于它的独特风光。

毋庸置疑，在神州大地，有比桃花湾更奇妙的山，有比桃花湾更清澈的水，有比桃花湾更仙境的岩洞，有比桃花湾更古老的城市和乡村建筑，有比桃花湾更锦绣的田园，但是山——水——洞——城——田园风光五绝合一的风景，全世界就只有这桃花湾。这里的山含情，水带笑，洞藏幽，城连乡，阡陌纵横，像深闺的少女，羞答答躲在漓江背后。与漓江截然相反的是，客人来到这里的旅游，不是“军事化”的，不是“赶圩式”的，不是“集团化”的，而是民间的、小众的、沉静的、散淡的、自由自在的、慢吞吞的，体验式、渗透式的，甚至是暧昧的。

桃花湾之美，不仅在于风光，更在于它发散出来的文化气息。

它深厚的历史、色彩斑斓的传奇故事，广为流传，至今依然让人津津乐道、唇齿生香。桃花湾曾是广西第一位状元赵观文的家乡。唐朝举子赵观文，于唐乾宁二年（895）夺得状元，一扫岭南科举阴霾，刷新了自隋朝开科以来，广西300年间无状元的历史。桃花湾的桃江宾馆，依然留着新桂系头号人物、民国代总统李宗仁公馆，公馆旁有“陶铸楼”，国务院副总理、中共中央中南局第一书记陶铸，1965年在桂林搞社教蹲点期间，曾在此办公下榻，他“要把桂林建设成为东方日内瓦”的话，近半世纪过去了，依然回响在桃花湾。中国著名艺术家阳太阳的老家就在桃花湾的芦笛岩旁。阳太阳其人其画，充满传奇，当年日寇入侵桂林，闯进阳家，意外见到了阳太阳的画，竟然悄然离去，整个村子也安然无恙，文化的力量何等强大。桃花湾是桂林米粉发源地，这里有关睦哥的传说，有关敦睦村（睦邻里）的来历，都与善良和谐有关，都与米粉的传播有关。说到米粉，有个姚古先生杜撰说，桂林米粉发源地在兴安，时间是几千年前修灵渠的时候，此说不可采信。中国的传说，一是有流传地域，二是有讲述人，三是有鲜明的道德指向，姚古的传说啥都没有，是他自弹自唱。米粉发源地，要有老字号，要有老作坊，要有老物件，这些兴安都没有，何谈发源地？如果是公元前兴安就有米粉了，茫茫几千年，泱泱中华的典籍竟然毫无只言片语记载，而且逃过了所有的诗文，岂非怪事咄咄？而桃花湾的敦睦村则不同，当年笔者陪着导演谢晋的儿子、电影《桂林荣记》导演谢衍，陆续来过敦睦村搜集榨米粉的老物件，用作道具；如今敦睦村和附近村子榨米粉老作坊里的老物件，也被申请非物质文化遗产的桂林人集团收购了，陈列在味香馆大厅里。桃花湾的一些村庄，如今还有一些坠榨石躺在村头路边，默默在阳光和风雨中追忆桂林米粉的悠久历史。

桃花湾之美，美在悲壮的历史，陈济桓、吕旃蒙将军等抗日烈士曾在桃花湾为国捐躯。

桃花湾之美，美在它曾是美人窝，李宗仁的夫人郭德洁、蒋经国的情人章亚若、民国影后胡蝶等人，在这里居住过生活过，演绎了人生的悲欢离合。

那么，让我们走进桃花湾吧。走进桃花湾，就走进了历史，走进了故事，走进了传奇。

王布衣

2014年2月18日

目 录

桃花湾里状元郎

——广西第一位状元赵观文传奇

赵观文牌坊

从一首诗说起

一枝仙桂两回春，始觉文章可致身。
已把色丝要上第，又将彩笔冠群伦。
龙泉再淬方知利，火浣重烧转更新。
今日街头看御榜，大能荣耀苦心人。

这首诗是唐朝诗人褚载所作的《贺赵观文重试及第》，说的是桂林桃花湾里芦笛岩边、飞鸾峰下的桥头村人赵观文科举夺魁之事。诗中说的“仙桂”是月亮里的桂花树，喻科举功

今日桥头村　黄宝生 摄

名，又叫蟾宫折桂。“致身”，出自《论语·学而》“事父母能竭其力，事君能致其身”，用做出仕之典。“一枝仙桂两回春，始觉文章可致身”，意思是说赵观文科举考了两回，两回都折得仙桂考中了，后来终于出仕做官。他为何考了两回呢？本文下面要说到，姑且按下不表。“色丝”是双关语，既指“上第”、考试得第一，又有“绝伦”之意，左边是丝，右边是色，组合起来便是一个“绝”字。

赵观文是广西的头一位状元。他这个状元，得来委实不易。南蛮之地，比起中原和江南地区来，教育相对落后，素来被人瞧不起，有人甚至以“独秀尖尖，四处七零八落”来讥讽桂州（今桂林）无人。唐朝时，朝廷分配给岭南地区的进士名额相对较少，每科选进士不得超过7人。岭南等地举人考中的机会，比中原和江南一带的举人少了一半以上。史载，北方举子进京考试，得中率约为10%，而岭南举子的比率是1%左右，真正的百里挑一。

科场牛人赵观文一扫岭南科举阴霾，于唐乾宁二年(895)夺得了广西的第一个状元，此前，自隋朝开科举以来三百年间，广西无状元。赵观文创造了历史。

从此，人们对桂州刮目相看。

遥想当年，赵观文插金花、骑玉马，披红挂彩，游走长安城，万人空巷争睹新科状元风采，那是何等的火爆场景！若是在今天，广大球迷见到球王马拉多纳，也不过如此吧。

赵观文进京赶考，可谓一波三折。有道是，不须文章甲天下，只要文章中考官。如何才能中考官的意呢？无非是潜规则，比如找关系、拜码头、投门子、给主考官送钱送礼。赵观文书生意气，文采风流，自视甚高，看不起这些蝇营狗苟的勾当。赵观文一门心思只用在诗书之上。

唐朝以诗赋取士。考卷一开，试题为《人文化天下赋》和《内出白鹿宣示百官诗》。赵观文阅题之后，胸有成竹，倚马可待，读书破万卷，下笔如有神，诗赋雄浑大气，韵律工整，才华横溢，无人匹敌，本应取头名状元，不料，同科的会稽考生张贻宪却是头名状元，赵观文屈居第8名。张贻宪平时就是个庸才，能够考中都不错了，怎么竟然得中状元？此事这般蹊跷，就引起了人们的质疑。世上没有不透风的墙，纸如何能包得住火？有人揭露，张贻宪事先已给主考官崔凝使了银子，崔凝向张贻宪泄露了考题，张在考前就重金请高人代笔写好。

此事像公共厕所里的石头，引起了公粪（愤），众人联名上书皇帝，状告主考官徇私舞弊。昭宗皇帝下令彻查。查实之后，主考官、刑部尚书崔凝则被贬为合州刺史。昭宗下圣旨告诫官员不要“假我公器，成彼私荣”。昭宗为了保证考试公平公正，全程主持重试，亲自出题，亲自考定等级，亲临阅试。昭宗说：“朕昨者以听政之余，偶思观阅，临轩比试，冀尽其才。”复试题为《曲直不相入赋》和《良工献问赋》、《询于刍荛诗》和《品物咸熙诗》。赵观文又以自己的真才实学，交了一份满意的答卷。而庸人张贻宪却傻了眼，枯坐半天，也憋不出一个字来，不落榜才是怪事。昭宗亲阅试卷后，认为考生中赵观文“与程晏、崔赏、封渭才藻优赡，义理昭然，深穷物体之能，曲尽缘情之妙。所试诗赋，词义精通，皆合本意”。昭宗称赞赵观文是“名实相符之士，艺文俱美之人”。

皇上朱笔点状元，钦定赵观文为头名。

这就是“一枝仙桂两回春，始觉文章可致身”的来历。

醉美桃江　李耀光 摄

幼年赵观文的趣事

赵观文出生于芦笛岩桥头村的书香门第，家学渊源，幼小习文诵经，受到良好教育。据史载，他10岁就能作诗文，13岁时就能通读深奥的儒家经典。赵观文从18岁到29岁的青年时代，正值黄巢起义，战乱不已，朝廷无暇科举。直到唐昭宗乾宁二年乙卯（895）春二月，赵观文才有机会到京城参加春闱考试。

桂林民间世代流传着在赵观文参加京城考试之前的一些趣事。

趣事之一

相传，赵观文十来岁时，进城考秀才之余，与几位年兄坐船从桃花湾进入漓江，青峰夹岸，绿水萦回，一路吟诗作对，十分快活。船行到斗鸡山下的斗鸡潭，赵观文见到此情此景，脱口成诗：

江流横锁斗鸡山，何故相争昂紫冠？
今日皇都多此戏，低吟高唱泪痕斑！

众人齐声叫好。一个姓李秀才就提议："如此美景，我等何不出对助兴？"他提出以桂林的山为题，回文对，倒着顺着都能念。众秀才皆赞同。

同行的秀才对赵观文说道："年兄才华出众，不知可否对出'斗鸡山，山鸡斗，斗鸡山上山鸡斗'下联？"

这是"回文联"，首尾相对，字字工整，堪称绝对。赵观文说："且容我三思，容我三思。"可是，人们眼巴巴望着他抓耳挠腮好一阵子，也对不出下联，同行的人打趣道："年兄才华出众，看来也有为难的时候，攒劲啊。"赵观文说："对对联，又不是挖土方，光发狠也没有用。"

说话间，船进入漓江支流小东江，穿过月牙山下的龙隐岩，抬头望去，只见洞顶上天然蜿蜒的龙形石槽，斑痕酷似龙鳞，似巨龙破壁而飞的遗迹。船顺着小东江就进到了龙隐岩中，船家请他们停舟饮茶赏景，他们哪有心思？船家见他们兴

霞映桃花江　刘航建 摄

致盎然，就指着洞壁上活灵活现的龙身印迹，给他们讲龙隐岩的传说故事：

“很久以前，这个岩洞里住着一条金角老龙，它成天像个和尚一样面壁打坐，一动也不动，后来终于有一天，这条龙坐化成仙，破壁飞走了，看，这洞壁上面还有它飞走的痕迹呢！”

赵观文听罢，顿时灵感如泉涌，大喊：“有了，有了，有下联了！龙隐岩，岩隐龙，龙隐岩中岩隐龙。”

众人听罢，齐声叫道：“绝对，绝对！妙哉，妙哉！”

这种回文对联，虽是文字游戏，却颇见功力。

在20世纪，新华社有一则新闻标题，也是回文对联“马歇尔歇马，华来士来华”，饶有趣味，堪与媲美。这是题外话了。

趣事之二

话说赵观文与三五好友，来到了桂林水东门的市场，看那些漓江里打来的各种水产。那鱼是用草绳穿起来卖的。一位卖鳅鱼、鳝鱼和鲢鱼的渔翁见他们是读书人打扮，就猜到他们是来应考的秀才。渔翁说：“这位相公，我出一副对联给你，你若是对出下联，我就送一串鱼。上联‘一串无鳞，鳅短鳝长鲢大口’。”

同行的秀才，都望着赵观文：“年兄可否对出下联？”

鲁家之夜　李文坤 摄

赵观文沉吟片刻，笑道：“这个容易，下联‘三般有甲，龟圆鳖短蚌无头’。”

渔翁说：“哎呀，不简单，不简单，好多年了，都没有人对出下联，你居然脱口而出！厉害。我再出一个上联，你要是对得上来，我这一篓子鱼，全部送给你。”

赵观文说：“老伯不必如此客气，这鱼你还是留着卖几文钱，对对联是我们的拿手好戏，不妨再说一个上联来试试。”

渔翁说：“上联‘半夜二更半’。”

赵观文说：“下联‘中秋八月中’。”

渔翁大惊：“神童，简直是神童！”

从此，神童赵观文的美誉，就在桂州传开了。

这些对联故事，也从此在漓江两岸广为流传，一直传到今天。

官场失意者

赵观文虽是科场上的幸运儿，却是官场上的失意者。

有道是：“朝为田舍郎，暮登天子堂。将相本无种，男儿当自强。”家无读书子，官从何处来？古人读书，是为了做官，无可厚非。但是，赵观文却辞官不做，托病归故里，做个布衣草民，从此深居简出，不问政事。这是为什么呢？

要说明这个，首先要搞清楚做官是为了什么。为了耀祖光宗，还是为了出人头地？是为了苍生社稷，还是为了修身齐家治国平天下？人各有志，志向不同，命运也大不相同。

赵观文辞官，实在是出于万般无奈。赵观文卓尔不群，秉性耿介，疾恶如仇，绝不见风使舵，绝不顺风扯旗。性格决定命运。这种性格在封建社会的官场，是吃不开的。朝廷封他为“侍讲学士”。这是个什么官呢？其职为讲论文史以备君王顾问，就是为皇帝讲解经义，做皇上的阅读顾问，或者及时给皇上回答一些典籍问题。说白了，就是皇上的活字典。这个职务，对怀有满腔政治抱负的赵观文来说，无疑是虚度年华，耗费青春。忍把浮名，换了浅酌低唱。

赵观文所处的唐末，宦官专权，藩镇割据，政治黑暗，民不聊生，官场腐败不堪，奸佞居高位，英俊沉下僚。赵观文眼里容不得沙子，常常抨击胡作非为的宦官刘季述和宰相崔胤，刘季述掌握着神策军的军权，与赵观文同科考中进士的崔胤，阴险狡诈，却官至宰相。晚唐诸相之中，崔胤可算亡国害民之大者。有史家云，大唐之亡，崔胤难辞其咎。刘季述与宰相崔胤的矛盾很深，而赵观文觉得这两人都不是好东西，一个是专横跋扈的宦官，一个是权奸宰相，不屑与他们同流合污，而这两人炙手可热，正酝酿着阴谋，他们都将正直的赵观文视为眼中钉肉中刺，欲除之而后快。

生不逢时的赵观文感到朝廷危机四伏，而自己亦朝不保夕，必须离开朝廷这个是非之地，以免惨遭不测。辞官回乡，难道还有比这更合适的选择么？

桥关村口　黄宝生 摄

后来，果然出事了，出大事了。刘季述领兵造反，胁迫唐昭宗将传国玉玺交出，然后又将唐昭宗和皇后囚禁。刘季述丧心病狂，大开杀戒，连昭宗的弟弟也不放过，他还想杀死崔胤，但他知道崔胤与节度使朱全忠是知交，他害怕朱全忠找他算账，所以迟迟不敢下手。一时间，时局大乱。节度使朱全忠领军勤王，清君侧。崔胤策反了神策军将领孙德昭，把刘季述等杀死，帮昭宗复了帝位。刘季述在长乐门前被活活地打死，他是罪有应得，惨的是被诛九族，累及无辜。

闲话休提，言归正传。话说状元赵观文毕竟给广西人争了脸面，广西人很高兴，桂州长史朱韫新修尧舜祠落成时，特请赵观文撰写《桂林新修尧舜祠祭器碑》。陈可环任桂州都督时，特将赵观文的故居改名“进贤坊”。清朝时期，赵观文的家乡桥头村，还有于凌汉等人立下的“赵状元故里”石碑，可惜时过境迁，石碑移走了，不知去向。赵观文的墓原在桥头村的芦笛路旁，因修路，墓已荡然无存。

一代风流赵观文的道德文章，深为后人敬仰。后人把他尊为“桂州五贤”之一，并建“五贤祠”纪念他。他与同时代的桂林诗人曹邺、曹唐，被誉为“桂州三才子”。赵观文的《冠群论》为当时名士所赞赏，可惜已失传。宋人刘植有一首《静乐赵观文挽词》：

大星殒地寂无光，砚席凝尘阒野堂。
一老海滨天下憖，百年江左恨空长。
家传遗稿归中秘，帝录元勋纪太常。
路远生刍来未得，泪乾门下老刘郎。

如今秀峰区政府为了建设桃花湾，造福乡梓，策励后人，在赵的家乡桥头村建起了文昌阁，以见证当年状元郎创立的辉煌。这些人文景观，与桃花湾的自然景观相互映照，如同花叶相辉映，云霞共吐吞。

李宗仁与夫人郭德洁

李宗仁将军

李宗仁夫人郭德洁，是广西桂平有名的大美人，她18岁还是个高中学生的时候，就嫁给了李宗仁，高中生在民国时期，算是知识分子了。李宗仁有了郭德洁这个贤内助，展开夫人外交，在政坛上赢得了许多支持者，化解了许多矛盾。郭德洁善于交际、人缘好，桂系的高级将领视郭为大嫂。她与桂系高级将领的夫人们相处融洽，如白崇禧夫人马佩章、黄旭初夫人宋禄蕉等人都与她亲如姊妹。

郭德洁是怎么样住进桃花湾的呢？冷水泡茶慢慢浓，且听笔者细细道来。

李宗仁与郭德洁

桃花湾里有一座桃江宾馆，是桂林市唯一的一家集山、水、洞、田园风光为一体的园林式宾馆，幽雅的环境与园林别墅式建筑相映成趣，宾馆内洞洞相通，庭院中的小山，陡峭险峻，有数处洞口可通入楼房，遇空袭可随时躲避。

桃江宾馆里的李宗仁公馆，是抗战时期甲山地区政府高官别墅区的代表性建筑，占地面积约300平方米，中西结合的建筑风格，美观耐用，设计巧妙。据公馆管理员介绍，在二楼李宗仁办公室的卫生间内，隐藏着一条通往甲山腹中溶洞的地道，通过地道可前往山另一面的两栋别墅及江边码头。

李宗仁（1891—1969），字德邻，广西临桂县人，新桂系首领，国民革命军陆军一级上将，曾任中华民国副总统、代总统。1937年，李宗仁任第五战区司令长官，指挥作战，获台儿庄大捷，这是中国抗战爆发以来首次在正面战场的重大胜利，人心大振。郭德洁立即从桂林飞往前线，慰问官兵，鼓舞士气。

1938年，郭德洁在桃花湾购置了2000多亩地用于种植业，建起了一座占地68亩的楼房，这就是李宗仁公馆。当时，身为第五战区司令长官的李宗仁率部南征北战，戎马倥偬，无法居住此地，公馆实际上是他的夫人郭德洁居住，是夫人开展妇女救亡工作的住所。郭女士在桂林期间，先后创办了儿童教养院，收养了大批抗日阵亡将士遗孤和流离失所的难童，供他们的衣食住宿，随后又在桂林甲山创立了德智中学（地址为今德智外国语学校），自任校长，学校纪律严格、校风良好，造就和培养了一批青少年，学生都亲切地称呼郭女士为“郭妈妈”。丈夫李宗仁在前方浴血奋战，夫人郭德洁在后方宣传抗日、奔走募捐、慈善办学。李宗仁将军的抗战军功章，至少也有郭德洁的一半。

1948年，李宗仁当选民国副总统，民国桂林市政府奉其原配夫人李秀文面谕，请示广西省主席黄旭初批准拨款，重新对小楼进行了修整，称为“甲山李副总统公馆”。

李宗仁公馆　黄宝生 摄

蒋介石下野后，李宗仁曾一度任代总统，与中共和谈，由于受到蒋介石的干扰和阻挠，欲挽救国民政府未果。蒋介石愤然说，共产党是要夺我的江山，桂系既要夺我的江山，还要我的命！新中国成立前夕，桂系的几个主要首领中，李宗仁去了美国，白崇禧去了台湾，黄绍竑留在了北京，黄旭初去了香港。蒋介石说，桂系在下围棋，四处点几颗大子！

1965年7月2日，李宗仁先生携夫人郭德洁，从海外归来，国务院总理周恩来到机场欢迎。7月27日，毛泽东主席接见了李宗仁及其夫人郭德洁。毛主席说："你们回来，很好，欢迎你们。跑到海外的，凡是愿意回来，我们都欢迎。他们回来，我们都以礼相待。"李宗仁先生携夫人从海外归来，当时是轰动的爆炸性新闻，对于李郭二人来说，也算是叶落归根了。

清幽幽的桃花湾，恬静地躺在桃花江怀抱里，两岸山环水绕，群峰绵延，阡陌纵横，黛瓦粉墙，茂林修竹，一派生态田园风光，山水与城市、山水与田园离得那么近，那么和谐。没有山的水，如同鳏夫，孤独而痛苦；没有水的山，如同寡妇，寂寞而艰辛。这里的山，这里的水，永不分离。桃花湾里，山是水的影子，水是山的等待。桃花湾的山环抱着水，就有了灵气；桃花湾的水缠绕着山，就有了万种风情。山含情，水含笑，山水知道，李宗仁和他的夫人郭德洁与这山缠水绕、景致迤逦的桃花湾曾结下过不解之缘。

陶铸楼的来历

陶铸

桃花湾的桃江宾馆里面，有个李宗仁公馆，李宗仁公馆旁边有一栋傍水的小楼，名为3号楼，写着“陶铸楼旧址”五个大字，楼前有一个大理石的雕塑，造型为一本打开的书，左边的一页刻着：“一九六五年八月至十二月，国务院副总理、中共中央中南局第一书记陶铸，为指导中南地区农村社会主义教育工作，在灵川县三街区同化公社蹲点，此楼为陶铸同志在桂期间办公下榻的小楼。”右边的一页刻着“要求于人的甚少，给予人的却甚多——陶铸”。

陶铸楼　黄宝生 摄

陶铸（1908—1969），湖南省祁阳人，曾为中共第四号领导人。“文革”中，陶铸由于坚持正义，1967年被江青等人诬陷为“中国最大的保皇派”、“叛徒”、“资产阶级司令部第三号人物”加以残酷迫害。1969年11月30日，陶铸同志在合肥含冤逝世。1978年12月中共十一届三中全会为陶铸同志平反昭雪，称他是：坚定的马克思主义者，久经考验的共产主义战士，杰出的无产阶级革命家，党和军队卓越的政治工作者，党和国家的优秀领导人。

陶铸先后读过衡阳湖南省立第三师范学校和黄埔军校，可

陶铸楼远眺　黄宝生 摄

谓文武兼修，他的形象概括起来有三：牛、大丈夫、诗人。他《赠曾志》中的诗句“如烟往事俱忘却,心底无私天地宽”，成了常常被人们引用的名言。

陶铸楼，见证了陶铸在桂林的岁月。灵川县甘棠公社(今灵川镇)同化村社员秦润七永远难以忘记，1965年秋的一天，金风送爽，桂花飘香，大队党支部书记告诉他，公社干部打招呼说上面派来了几个工作组的干部，工作组的领导姓金，“金科长”要住到他家与他“三同”：同吃、同住、同劳动。不多时，几辆小车开到村口，车上下来几个干部模样的人，其中有一个干部，50多岁，小平头，穿蓝色中山装，他身边还有几个陪同人员，支部书记对秦润七介绍说，这是中南局的金科长，来我们这里搞社教，以后要住在你家里，和你们一起生活一段时间了，希望给一些方便。秦润七赶紧说，可以，可以。支部书记又向“金科长”介绍了房东秦润七，说他的家庭成分是贫农。“金科长”伸手跟秦润七握手，见到秦润七有些拘谨和紧张，“金科长”微笑着，操着带湖南口音的普通话对他说，生活上给你添麻烦了，打扰了，我是来学习的，向农村基层干部和社员学习的，今后，我们就是一家人，不要分什么彼此或上下级了。秦润七听罢，觉得“上面派来的人”，待人随和，架子并不大，紧张的心情放松了许多。

跟“金科长”一块来住进同化村的，还有几位干部，从这以后，不断有自治区、地、市、县委的领导来同化村找“金科长”，有时在大队部，有时商量工作也在他堂屋里。秦润七发现，那些干部在“金科长”面前，毕恭毕敬，而“金科长”的表情却一反常态地严肃。一次县委的领导汇报说，灵川县里的路桥都比较窄，想修一座桥，可就是没钱修不成。“金科长”大声发火说：“什么？没钱！你不是还穿着一条裤子吗？卖了裤子也要把桥建起来！还有，解放这么多年了，群众连个厕所也没有，也没钱修吗？”县委领导半天不敢出声，秦润七心想，这个科长太厉害了，县委书记都怕他。

“金科长”离开同化村一年之后，秦润七才知道，这个与他同吃同住同劳动的“金科长”，竟是国务院副总理、中南局第一书记陶铸，当时是到同化村蹲点，指导农村社会主义教育工作。

1965年 9月7日，陶铸同志请桂林市曲艺队进驻同化，配合社教工作进行文艺宣传。演员李芹长在日记中写道：“他十分朴素，总是穿着一套唐装衣服，衣袖肘上还打了补丁。”陶铸平易近人，要大家都喊他“老科长”，常和演员们聊文艺、话家常。他指着小平头的演员陈庭光笑着说：“你是小平头，我也是小平头，我们凉快啊！”

桂林市曲艺队在村里与社员们“三同”，根据真实事件创作了《进村之前》、《我错了》等9个节目，在村里演出，陶铸看了节目说：“你们白天劳动，晚上演出，很辛苦，社员感谢你们，工作队感谢你们，我也非常感谢你们！” 当他得知演员小莫和诸葛济患有咽炎，就很关切地说：“嗓子是演员的本钱，这是大事，你们得抽空去一趟广州，我帮你们到中山医院找个好大夫，好好治疗。” 有一次演员何红玉病了，陶铸书记百忙之中牵挂此事，让她好好休息。

房东秦润七看到，“金科长”一把年纪了，白天干体力活，晚上还要接待干部、组织社员学习，每天工作达十几个小时，每餐只吃一小碗饭。他了解到“金科长”身体弱，患有肠

美丽的桃花江　刘航建 摄

胃病，就去到河边捞一些鱼虾来做菜，改善伙食，“金科长”胃口好了一些，比其他“三同”的干部多交了一些伙食费。

一天吃罢晚饭，“金科长”拿出蜜桔给秦润七吃，问他味道好不好，秦说好吃。“金科长”说准备给村里带树苗来。过了一些日子，“金科长”亲自从湖南要来了柑橘树苗，还派技术员过来帮助种植、培训技术骨干。从此，同化村办起了果园场。陶铸在同化村劳动时发现这里一年只种一季稻子，而且品种老化、生育期长、产量低。陶铸打电话从广东调来早熟高产品种，请来广东的农科人员，指导农民科学种田，大力推广双季稻，还从广东调来了一部手扶拖拉机，规划修建机耕路。“金科长”见到同化村的社员生活十分贫困，要求大队干部带领社员，艰苦奋斗几年，实现同化村粮食亩产800斤、人均收入800元的生产发展规划。

陶铸在“陶铸楼”住宿期间，百忙之余，漫步桃江，俯仰皆景致，满目尽奇观，他感慨地对陪同人员说，绿水绕青山，真是太美了，自然之美，最美就是绿水青山，绿水必须依靠青山，山不清则水难绿。桂林要保护好这么美丽的绿水青山，必须要保护植被，必须多种树，绿化桂林，美化桂林。

1965年4月5日，陶铸在桂林地市干部大会上作报告时，首先提出要把桂林建设成为“东方的日内瓦”。几十年过去了，如今的桂林已经变成了世界闻名的风景旅游名城，陶铸当年住过劳动过的同化村，如今变美了，果园面积扩大了，柑橘成了灵川县的支柱产业，每到秋季，金黄色的柑橘挂满枝头，粮食亩产超过了千斤，村民富裕了，人均收入也超过了4000元。当年的同化村党支部，如今已经发展成党委，而且被评为全国先进党委会。

陶铸若有知，定会含笑九泉。

陶铸同志在《松树的风格》一文中写道："为了人类，它的确是做到'粉身碎骨'的地步了。要求于人的甚少，给予人的甚多，这就是松树的风格。"这不正是陶铸同志的风格么？

斯人虽已逝，千载有余情。

见楼如见人。如今，桃花湾的人们，为了纪念陶铸同志，特地写上"陶铸楼旧址"，在庭院里栽种了松树，永远缅怀这位鞠躬尽瘁为人民的共产主义战士。陶铸同志的高风亮节，与桃花湾的奇山秀水共享千秋。

『芦笛山翁』阳太阳传奇

阳太阳

在中国美术界，阳太阳的名字是一个传奇。

有一个真实的故事。1944年，桂林沦陷，桃花湾里的阳太阳家也在劫难逃。日本鬼子进到阳太阳老家所在的村庄下庙门前村（今新华村），日本人带着翻译、汉奸走狗，闯进了阳太阳的家，阳太阳的母亲见到日本鬼子进屋来，吓得浑身发抖，不知道这群强盗要干出什么兽行来。不料，日军的一个队长见到了堂屋里挂着的名字叫《恋》的画，站在那里看了半天。日军队长指着画上面的署名，转身对阳太阳母亲说："阳太阳是你什么人？"阳母通过翻译，听懂了问话，随即答道："是我

阳太阳画作　《漓江岚韵》

的儿子。”

“你的儿子？阳太阳？是到日本去的那个阳太阳吗？”日军队长惊讶地问。

“是的，他在日本留过学。”阳母忐忑不安答道，心想这下麻烦大了。

日军队长打量了一会阳母，又仔细看了一会画，竟然笑起来：“吆希！”

只见他手一挥，带着一帮人离开了。

后来日本人到处抓兵、要粮食、抓夫，但是阳母所在的那个村平安无事，安静得很。

也许，这个日军队长曾经也是一位画家，仰慕过阳太阳的作品；也许是这幅画的艺术魅力，打动了这位侵略者，唤醒了他残存的一点人性，所以阳太阳的家和他们的那个村子，免于劫难。

不过，此后阳太阳的大批文稿和画稿都丢失了，包括这幅《恋》也下落不明。这张《恋》在日本参加过展出，曾引起轰动。

1909年12月6日，阳太阳生于桂林市郊桃花江畔芦笛岩，小名德亨，后取名阳焕，老年字号芦笛山翁。20世纪20年代末，少年德亨走出了桃花湾，出外求学。1931年，阳太阳毕业于上海艺专，在上海与庞薰琹、倪贻德等人创办“决澜社”，提倡新绘画。1935年，阳太阳赴日留学攻读油画，他得到老师陈抱一的帮助，开始补习日语，研读各国画派，然后进入日本大学艺术研究班。这年春天，他的油画《女青年》入选日本独立美展，同年秋天，阳太阳的油画作品入选世界性大型美展“日本二科美展”，他的大型油画《恋》，与罗丹、戈雅、马蒂斯、德朗以及日本大画家腾田嗣治、东乡青儿、中川纪元的作品同场展出，并同时印入画册，被誉为“中华之夸”。二科美展是世界性高级美展，这幅获奖的《恋》，高2米、宽1.5米，采用抽象构成的表现方式，具有明显的象征性，并极富法国现代构成派的味道。

阳太阳的老师陈抱一娶的日本老婆很贤惠，在那个年代，日本女人在家中地位很低，很多日本女人喜欢嫁给中国男人，因为日本男人大男子主义，稍不如意便施行家暴打老婆。阳太阳留学时的房东，是一位寡妇，带着一个女儿，寡妇向阳太阳表明，愿意把女儿嫁给他，希望他留在日本。阳太阳婉言拒绝了房东的好意，告诉她自己在出国前已有家室。当然，有的中国留学生在日本娶了妾，阳太阳是个诚实的本分人，不愿意做这种对不起妻子的事情。

这位寡母见阳太阳既不肯娶自己的女儿，也不肯留在日本，很是伤心，独自把自己关在房间数天之久。

卢沟桥战事爆发，阳太阳取消前往法国深造的计划，毅然

阳太阳故居　黄宝生 摄

回到祖国，投身救国洪流当中。在桂林期间，他与郭沫若、李济深、田汉、茅盾、柳亚子、欧阳予倩、艾青、徐悲鸿等人开展民主爱国运动，发表诗文，创作大批绘画作品，反映抗日斗争生活，创编杂志《诗创作》，创办初阳美术学院，任院长、教授。

人们说，阳太阳是画家的艾青，他的画是艾青诗的解释。

艾青于1938年11月携夫人到桂林，他曾经留学法国学画，崇尚法国现代派，和阳太阳一样，认为印象派以后的一些画家有个性、有特色，对庸俗的学院派有看法，他很欣赏阳太阳的画风，同样的，阳太阳喜欢艾青的诗句，也欣赏他的为人：才子、敢说敢做不计后果、幽默，两人一见如故。

1939年，阳太阳在艾青的影响下也开始写诗，并经常发表在艾青主编的《南方》副刊，成为桂林诗坛的活跃分子。端木蕻良当年评价阳太阳："他是画家的艾青，他的画是艾青诗的解释。"阳太阳有一幅叫《女战士》的画，艾青特为画题诗：纤美的耳朵谛听着/春色的天外的悠长的号角/温柔的心遂漾起了/对于祖国土地深沉的爱/把眼睛凝住在战斗的遐想里/圆润的肩背上了枪/你的剪短了的黑发是美的/你的绿色的军服是美的/我祈祷你中国的女性啊/一天，你宽阔的前额，将映上胜利的曙光。

同年,艾青和阳太阳商定到湖南乡村任教,艾青独自先行,把即将从金华赶来的夫人张竹如托付给阳氏夫妇。张竹如到桂林时已经临产，阳氏夫妇带着自己的三个孩子，连同张竹如一同搭火车到湖南白牙市，足足走了三天之后，阳太阳雇了三顶轿子赶路。按习俗，轿夫不抬孕妇，小旅店也不许孕妇进门。阳太阳一直苦苦哀求轿夫，总算把轿夫说服了，愿意抬孕妇了，但是第二天下午，张竹如在荒郊野地突然发作要生产，阳夫人李衣尼只有亲自接生，当阳太阳从村子里请来接生婆，孩子已经安然落地。迷信的村民，说产妇玷污了土地，向他们一行人要钱祭神除秽，阳太阳万般无奈，只得"破财消灾"。好不容易过了这一关，晚上要到旅店歇脚，店主说他们不收留产妇住宿，好说歹说，店主总算答应他们，还提出条件，白天必须走人，于是他们只好第二天，天蒙蒙亮，就出了门……

这一路艰辛，一路受罪，艾青得知之后，对阳太阳心中充满感激，两人友情更加深厚。

1949年，阳太阳与黄永玉、王琦、关山月、张正宇等人在香港创办共产党领导下的“人间画会”。

新中国成立后，阳太阳历任广州美术学院院长、广西艺术学院院长、广西书画院院长、桂林中国画院院长、中国美协理事、广西美协名誉主席、广西政协副主席等职。2008年，广西壮族自治区人民政府正式下发文件，授予著名画家阳太阳“人民艺术家”的荣誉称号，并向他颁发了荣誉证书。阳太阳是广西首位获得自治区人民政府授予“人民艺术家”称号的艺术家。

早在20世纪50年代，阳太阳就提出要开创“漓江画派”，“漓江画派”的特点就是专门画桂林漓江的山水。直到21世纪初，“漓江画派”气候渐成，除了鼻祖阳太阳以漓江山水画蜚声国内外，刘绍昆、黄格胜和阳光等等，在全国也形成了一定影响力。如今的“漓江画派”虽然可说是水到渠成、人才辈出，可是仍然没有哪一位的成就能够超过阳太阳。

阳太阳的画，雄健、凌厉、浑厚和宏大，如《象山晨韵》、《青罗碧玉图》等等。

阳太阳足足活了100岁，是中国美术界的寿星。

章亚若之谜

章亚若

1942年，蒋经国的秘密情人章亚若隐居桂林，住在桃花湾的丽狮路。后来产下一对双胞胎，孝严、孝慈，小名分别是丽儿、狮儿，这也是因丽狮路而得名。

章亚若是怎样来到桂林的？她在桂林的遭遇如何？且听我细细道来，棉裤着火了，得从棉花地说起。

（一）

章亚若是南昌新建县人，大户人家出身，在南昌，章、

蒋经国与章亚若

唐、周、陶是四大家族，章的父亲做过县太爷。笔者曾经采访过湖南省政协副主席徐君虎先生，他曾是蒋经国的留苏同学，蒋经国赣南新政时期，他做过蒋经国的主任秘书，类似于今天的秘书长。

徐君虎告诉我，小蒋的用人方针与老蒋迥异，老蒋是黄埔军、CC党、两统（中统、军统）特，小蒋是三青团、青年干部、文人学生，章亚若是三青团员，1937年，她来到蒋经国的赣南专署求职，被蒋安排到了办公室工作。一上班，美艳动人的章亚若就换了穿着打扮，波浪长发剪掉了，口红胭脂洗掉了，旗袍换成了土布短衣，高跟鞋换成了布鞋。她很能干，异常活跃，每天把办公室打扫得干干净净，各种文件资料整理得井井有条，还参加演讲演唱，上街宣传抗日，演文明戏，看望伤员和难民，忙得不亦乐乎。她的积极表现，深得蒋经国青睐。蒋亲自撰文《时代青年》发表在《新赣南报》上称“章亚若同志，是青年的楷模。她过去是一个大户人家阔小姐，四体不勤，生活优越，但她克服了自身弱点，吃苦耐劳，把青春投入抗日救亡的洪流之中，获得了新生。吃苦耐劳，是保障我们事业成功的第一条件，章亚若同志做到了，做得很好，她的表现证明，她不愧为时代青年。”

蒋经国在赤珠岭开办了青年干部训练班（简称“青干班”），这是蒋经国的“政治黄埔”。章亚若参加了第一期。在青干班，章亚若结拜了“十姐妹”，其中桂辉女士是她的死党、铁姐们。

有一天，天刚蒙蒙亮，青干班的学员们被军号催醒，迎着寒风跑步，一直跑到赣江边。蒋经国命令停止，问道：“你们朝前面看到了什么？把感想说出来！”有的学员说，看到了农民犁田很辛苦，要爱护百姓。有的学员说，看到了拉纤的船夫，纤夫精神值得效法。有的说，看到了一座坟，想到人固有一死，要为抗日勇于献身，重于泰山。

蒋经国鼓励大家继续畅所欲言，目光再放远些更远些。这时候，队伍中的章亚若响亮地说道：“我看到前方将士浴血奋战，看到拯救危机的骨肉同胞！”蒋经国说：“说得好！我们是三青团员，是青年精英，国难当头，我们怎么办？”众人齐声回答：“抗战到底！”

回宿舍的时候，章亚若小声对蒋经国说：“不准洗冷水，小心着凉。”蒋经国点点头，一副驯服的模样。

青干班结束之后，桂辉分配到吉安三青团分部。蒋经国让章亚若做了贴身秘书，安排其日常工作。更重要的是，章亚若以女性特有的细腻和温柔，关爱蒋、“改善”着蒋的生活。此时，蒋已“使君有妇”，章已“罗敷有夫”，按道理来说，他们已经失去了享受这份感情的资格。但是，爱情常常是不讲道理的。

蒋专员公余常请部属小酌，有时喝起酒来无节制，谁劝都不顶用，唯有章亚若，媚态十足地走到蒋的身边，咬一下耳朵，蒋就欣然释杯说好好好！眼明的人都看得出，他俩的关系非同一般。此时，两人已经有了私密的爱称，蒋叫“慧风”，章叫“慧云”。

一来二去，章亚若有了身孕。这下麻烦大了，上哪去生呢？赣州？显然不行。重庆？也不行，树大招风，除非决计要败坏自己的名声。

思来想去，只有西南大后方桂林。自从武汉、广州相继沦陷，桂林成了西南、华南、华东的重要交通枢纽，蒋经国常赴陪都重庆，可中转桂林，顺道探望，神不知鬼不觉。桂林人来人往，可遮人耳目。桂林山多洞穴多，躲空袭方便又安全。

桂林的医疗水平，当时数西南一流，省立桂林医院大名鼎鼎的妇产科医生李瑞林，由她接生，万无一失。桂林的广西省民政厅厅长邱昌渭，还有任桂林市军事科、社会科两科科长的徐君虎，都与蒋经国有私交。再也找不到比桂林更合适的去处了。

章亚若给吉安三青团分部的拜把姐妹桂辉写信，请她陪自己赴桂林隐产。蒋经国向桂辉保证，前程是不会耽误的，对外人就说是去桂林乐群社服务。

（二）

桂林文化城，冲荡着激情、仇恨、欲望、阴谋、悲哀、愤怒的旋流。

1941年8月的一天，蒋的副官王制刚以出差重庆的名义，“顺道护送章亚若到桂林养病”，一路有桂辉陪同。

章亚若和桂辉到桂林后，邱厅长安排她们下榻桂林阳桥附近的大华饭店。

客房里，章亚若从箱子里拿出那床绣着鸳鸯图案的深蓝色被面，陷入痛苦而美好的回忆之中——

记得在赤珠岭青干班，蒋经国向她倾诉了心中的爱情，送给她这床被面做定情的信物，蒋经国说，爱情是赤裸裸的也是超越世俗的，所以丘比特是光着身子、长着翅膀的天使。

临行前，蒋经国千叮咛万嘱咐，要她保重身体，想念他的时候就拿出这床被子来看一看、摸一摸。蒋经国送给她自己父母亲的照片，请她好好保存，并答应每隔两三周就来桂林探望她一次……

桂辉说："这床被面说明，蒋专员心里已经给了你名分。"

"啊，是吗？"章亚若整个身子伏在鸳鸯戏水的图案上，泪水打湿了鸳鸯……

一周之后，一个戴着墨镜，满脸络腮胡子的人敲响了章亚若的客房。章亚若开门一看，此人似乎在哪见过："找谁？"

"我找慧云。"

"啊，是你！慧风！你化了妆，我差点都认不出你了！"章亚若打开门，也不顾桂辉在场，紧紧抱住蒋经国。

桂辉见他们"有事"，知趣地出门去了。

蒋经国摘下墨镜，取下络腮胡子，坐下来，环顾房间，并告诉章亚若，邱厅长已经为她们找好了住房，即在今丽狮路。

当时桂林的小洋房多在西区桃花江畔的丽狮路一带，称为贵族区，这里依山傍水，景色宜人，广西民政厅（那时的民政厅权力很大，管辖公安局）厅长邱昌渭等人就住在此地，著名影星胡蝶、万金油大王胡文虎的儿子也曾住在这一带，这里出

丽狮路　黄宝生 摄

门就是山，躲空袭很方便。

一番亲热过后，蒋拿出几张照片给章。一张是毛氏夫人的半身照，一张是蒋介石和宋美龄的合影，还有一张是蒋经国从苏联回国时的纪念照，身穿制服，腰扎武装带，咧嘴笑着。

章亚若见了说："很天真的样子哦，那时候的你。"

蒋经国把一件德国皮袄放在床上："这是我从苏联带回来的纪念品，送给你，天转冷了可以穿上它御寒。"

章亚若抚摸这战争年代不易见到的珍品。皮袄有价情无价啊。

搬到了丽狮路的小洋房，章亚若像倦鸟找到了巢穴，梳理羽毛，收拾疲惫的身体，深居简出，外称自己是蒋营长的太太，偶尔外出看看戏、打打牌、逛逛街市、听听诗歌朗诵会，静养待产。

纸终究包不住火。蒋经国在赣州的一些旧部，对章到桂林的真相已有所闻，但他们三缄其口。青干班的《同学录》章亚若的名字下注明：“桂林养疴”。

时光荏苒，1942年即将到来。眼看就要过年了，桂辉要离开桂林回家探望自己的老奶奶，章亚若托她物色一个保姆。桂辉就请了妹妹亚梅来服侍。

（三）

1942年农历正月二十七，上午8点多钟，广西省立桂林医院的产房里传来清脆的婴儿啼哭声，章亚若产下了一对孪生兄弟，小名丽儿、狮儿，谁也想不到，这对双胞就是后来在台湾政坛和学术界赫赫有名的章孝严、章孝慈（后改姓为蒋孝严、蒋孝慈）。妇产科医生李瑞林亲自为章亚若接生。弱小的一对婴儿，放进了保温箱里。章亚若苍白的面孔泛起了红润。

几天之后，蒋经国派出的政务考察团抵达桂林。章亚若在报纸上看到了消息，赶到乐群社，与徐季元、漆高儒等蒋经国的秘书相见，告诉他们，已经生下了蒋专员的孩子，一对双胞胎。

漆高儒说："恭喜你，夫人。"

章亚若叹了口气："我只是一个黑市夫人。"

当晚，徐季元和漆高儒来到丽狮路的章亚若住所探望，两人送了礼物给孩子。漆高儒说："蒋经国的孩子，长大了定然有出息。"

告别时，两位秘书一再叮嘱章："请务必体谅我们做部下的难处，不要对蒋专员说起我们来过。"

章亚若请他们放心，定会守口如瓶。

正在重庆出差的蒋经国得到消息，从重庆赶到桂林。

他的黑色轿车在离章的住所几十米处停下，他步行走来。

"在哪里？"蒋经国人未进房，声音却先进来了。他三步并作两步进屋，一手抱着丽儿，一手抱着狮儿，左边亲一口，右边亲一口，咧嘴大笑，"哈哈，真像一对猫仔。"

蒋经国让人把桂圆肉、人参和几箱美国克宁奶粉搬进来，说是产后好好补补身体。克宁奶粉，是美国援华物资，战乱年代，是极其贵重的高级营养品。

"想得真周到啊。"章亚若说，"对了，孩子还没有学名呢，你给起个名字吧。"

这才是最重要的，蒋经国不笑了。

半晌他才开口："这事，要问老头子。"

事有凑巧，蒋介石此时就在桂林，住在李宗仁官邸。桂

桃花湾风雨桥　麦光荣 摄

系将领李宗仁的母亲于1942年1月24日去世，2月初，身为委员长、李宗仁拜把兄弟的蒋介石携夫人前来吊唁。

李宗仁将军在乐群社宴请蒋委员长和夫人宋美龄，蒋经国也在座。宴罢，小蒋陪老蒋到李宗仁官邸歇息。

李宗仁官邸，一座花园式的庭院，坐落桂林杉湖畔。小蒋陪着老蒋和宋美龄在庭院里散步，他鼓足勇气，将章亚若产子的消息告知了父亲。一边说，他一边偷偷察看父亲的脸色。蒋介石脸色无怒无喜。

“父亲，儿愿意听从发落。”蒋经国见父亲半天不做声，斗胆说道。

“好啦，过去的事体，不要提啦！”蒋介石烦躁问道，“你打算怎么办？”

“正要请示父亲。”

“这个，这个，要好好照顾母子三人，经国，唵？这个，暂时不要张扬。”

“儿明白。”小蒋没有想到老蒋如此宽宏大量，又问，“父亲，两个孙子还没有名字，请父亲……”

蒋介石沉吟不语。

这是决定章亚若命运的时刻。

此刻，宋美龄发话了：“达令，无论如何，总归是你的孙子。”

"唔，这个，是的，这个事体，是的。"老蒋微微颔首，慢慢转过头来，对小蒋说，"名字，这个事体，我看，大的就叫孝严，小的就叫孝慈，好啦。"

"多谢父亲！"蒋经国长舒了一口气。

他有些喜出望外。两个孙子排在"孝"字辈，分明认可了他们在蒋氏家族中的地位。那么，亚若"妾身未明"的问题，可以顺理成章解决了，是么？他想。

小蒋不放心，又问："父亲，两个孙子的姓，您的意思……是否可以随……"

"这个，经国，这个事体，我说过的，暂时不要张扬！"

小蒋见老蒋不置可否，壮起胆子正要追问。宋美龄用眼色制止了他。老蒋的不表态，其实就是一种表态。

孙儿的姓，至关重要。它给蒋经国和章亚若留下了一个沉重的悬念，也给后来的孝严、孝慈留下了长长的历史尾巴。

(四)

蒋经国告诉章亚若，父亲为孙儿取了名字孝严、孝慈。

章亚若问："他们可以随蒋姓吗？"

蒋经国："父亲没有说。"

桃江春早　陈长生 摄

既然如此，那就挂着吧，车到山前必有路，船到桥头自然直。章亚若心里安慰自己。

“我以为父亲会像过去那样狗血喷头地痛骂我一番，没有想到……”蒋经国也安慰她，“所以，不用担心，将来会解决的。”

“但愿。”章亚若说。

两人想说些情话，有桂辉和亚梅在场不方便，只好笔谈。

慧云：“还记得管道升的词么？”

慧风："记得啊。你侬我侬忒煞情多，情多处，热如火！把一块泥，捻一个你，塑一个我。将咱两个，用水调和。再捻一个你，再塑一个我，我泥中有你，你泥中有我，与你生同一个衿，死同一个椁。"

慧云："你若不是委员长的公子就好啦，我就可以跟你一起捻泥巴坨坨了。"

慧风："管道升还有一首词，道出我心境。人生贵处是王侯，浮名浮利不自由，争得似，一扁舟，弄月吟风归去休。"

慧云："人生得一知己足矣。"

慧风："斯人以同怀视之。"

桂辉的妹妹亚梅见他们写写笑笑，就是不说话，对他们说："你们在打哑谜呀，该给孩子洗澡澡了。"

章亚若抱起两个孩子，泡在盆里，往他们身上洒水，宝宝很开心，手脚扑腾着，溅起水花。章翻起宝宝的小脚掌："看，这上面是什么图案？"

蒋经国仔细看了说："嗯，像一条腾云驾雾的小龙。"

章亚若说："儿子将来要成大器的，已经有预兆了。"

蒋经国说："望子成龙，人之常情，但愿你能说中。"

洗好擦干，桂辉和亚梅把一对宝宝抱进屋里穿好衣服。章亚若嘱咐两人看孩子，她和蒋经国出门散步去了。

夕阳脉脉，江水悠悠。桃花江边，莲花朵朵，柳条依依。

路边有一低矮的小山，叫隐山，原名盘龙岗。唐朝时桂州太守李渤将它开发出来，才使得乱石叠盘、寂寞无主的盘龙岗变为佳境。

两人步入隐山洞内。整个山是空的，有六个洞，其中老君洞的洞壁石座上，天然钟乳石凝成人像，白须白发，袒胸露乳，像道教始祖老子。洞口，几位卜卦算命的江湖术士，见二人来，将手中的签筒摇得哗哗乱响："太太，先生，算卦吧，灵验得很，算得不准不要钱。"

章亚若蹲下身来，口中默默祈祷，卜了一卦。术士交给她一张卦辞。只见上面写道：

二圣下一阳，空山无宝藏。
泥龙骑竹马，劳碌枉自行。

术士摇头晃脑解释卦辞："二圣下一阳，这句是卦象。空山无宝藏，说来话长，相传，古代有个皇太子南游桂林，在这西山上遇见一美貌樵女，与她私定终身，皇上不允，樵女抑郁而死。太子临走时，曾赠与美女许多金银财宝作为定情之物，藏于隐山洞中，多少年来，人们为寻宝费尽心机，还有人为此丧命。泥龙骑竹马……"

"简直是无稽之谈！"蒋经国打断术士的话，拉起章亚若就走。

“信不信由你，信者得福，不信者难免灾祸。”术士冷笑。

出了隐山，上得路来，只见夕阳西坠，满江胭脂，两人在江边石凳上坐下。蒋经国见她脸色很难看，说：“你还想着刚才的鬼话？那是骗人钱财的，世上的事情，怎么说都是道理，来，我给你讲个故事吧，一个关于梦的故事。”——故事说，从前有个秀才，临近赶考时，晚上做了三个梦，百思不得其解，就去找他姑妈求解，姑妈不在家，只有表妹在家。秀才抬脚想走，表妹拉住他说：“什么梦呀，我试一试能不能解？”

“第一个梦，梦见自己变成一棵墙头草。”

“哦，那是说你没有根基。”表妹说。

“第二个梦，梦见自己头戴斗笠，手上还打着一把伞。”

“那是说你多此一举。”表妹说。

秀才很灰心，抬脚又要走。表妹说：“哎哎，还没有说完呢，第三个梦是什么？”

秀才不好意思地说：“是关于我和你的，不说也罢。”

表妹说：“这就见外了，既然来了，就说完嘛。”

“我梦见晚上跟你背靠背坐在床上。”

表妹脸一红，说：“那是说你这辈子休想！”

秀才被抢白了一顿，悻悻地，正要离去，姑妈回来了。秀才要姑妈替他解梦。

姑妈听了，说：“第一个梦，是说你马上要出人头地了。第二个梦，是说你冠（官）上加冠（官）。第三个梦，是说你这辈子马上就要翻身了。”

秀才大喜。

（五）

迟迟得不到名分的章亚若，生活在愁云惨雾之中。她感到有无数魔掌从四面八方伸来，要掐她的喉咙，钳她的颈。一闭上眼睛，就有无数条毒蛇，吐着信子，朝她爬来。她想挣扎，想逃离沉闷窒息的隐居生活，远走高飞，呼吸自由的新鲜空气。她想当机立断，及早结束这尴尬的身份，带着孩子到美国定居。

她请来一位英语教师，苦学英语。

她又去求神问卦，给两个孩子算八字。

算命先生说：“两位公子，生辰八字不错，命相大富大贵，但克星很重，要遭欺负。”

章亚若问：“有什么法子镇住克星呢？”

算命先生说：“娘属虎的就行。”

章亚若想，自己是属兔的，得找个属虎的干娘保护幼子，便四处打听。正巧，任经济部次长的潘宜之的夫人刘尊一，属虎，她乐意当丽儿和狮儿的义母。

于是，1942年6月的一个黄道吉日，举行认亲仪式。章亚若办了酒席，广西民政厅长邱昌渭、广西警察训练所教务主任苏乐民等人应邀前来道贺。刘尊一女士给两个干儿子赠送了银筷、银碗，还有刻着“长命富贵”的银锁。章亚若也回赠了贵重的礼物。

孩子的安全似乎得到了保障，但是母亲呢？

一天晚上，章亚若与邱厅长太太周淑华上剧院看戏。她人在剧场，心里却牵挂着两个儿子。忽然，雷声轰隆骤响，她说声：“不好！孩子要受惊吓！”便下意识从座位上弹起，跑出剧院门口，见一黑影闪过……

她一路狂跑，回到家里，心差点蹦出胸口。这黑影是什么人？什么人？上次白天桂辉与我上街买东西的时候，身后也有这么一个尾巴，影子似的，跟着我俩走走停停。是小偷？强盗？绑架？谋杀？她越想越不对劲，越想越害怕。

她对桂辉说：“我怕是在桂林的日子待不长了。我想回赣州去，这里不安全。”

桂辉说：“不用疑神疑鬼，有邱厅长保护你呢。”

章亚若说：“恐怕保护不了我啊，他只是一个省的厅长。”

桂辉听了，寻思这话好像不通，怎么一个厅长还保护不了？再一琢磨，听懂了她的意思，便问：“你回赣州，那两个

桃花江畔别墅　黄宝生 摄

孩子呢？”

“想放在干娘家里寄养一段时间。”章亚若自己都觉得这话说得很勉强。”

“孩子那么小，还未满一岁，你舍得吗？”

章亚若无语。是啊！还是得留下来，再苦再险再难熬，也要留在孩子身边。纵然是死，也要死在桂林。弱者啊，你的名字叫女人。强者啊，你的名字叫母亲！……

笔者曾采访章亚若的好友桂辉，以下是桂辉的回忆——1942年8月的一天早晨，章亚若腹泻，我陪着她坐着邱厅长的车到省立桂林医院。医院的杨院长，原来在赣州开一家私立医院，是熟人。

挂了急诊，内科医生安排在特好病房。我在床边守着她。杨院长进来，对我说："这里人太多，不要坐在这里。"

我虽然很生气，也只得坐到门口。

章亚若很伤感地说："我好像墙头的一棵草，说不定什么时候就被风刮倒。孩子又小，我的身份不明，慧风要忙的事情越来越多，又不能来桂林，怎么办？怎么办啊！"说着，她哭了起来，枕头都湿了。

大约九十点钟的时候，一个医生拿着针筒走进病房，先扎章亚若的手臂，找不到血管，插不进针头，就换了一只手打了一针，然后出去了。

章亚若揉了揉胳膊："哎哟，好胀，好难受啊！"她突然大叫："哎呀，不好了，我好难受，不好了，我看不见了，眼前一片漆黑！"喊罢，章亚若已不省人事了。

我赶紧跑去喊医生来。医生见章昏迷不醒，听了一下心脏，叫护士打了一针。医生叫护士快去拿冰块。

冰块来了，医生说："不用冰块了。"递给我一张病危通知单，上面写着：血中毒。

我看见，章亚若身上有一些紫色的血块。

章亚若醒来之后，问："慧风能不能来啊？丽儿、狮儿在哪里？”

她又昏了过去，从此再也没有醒来。

（七）

1942年8月，赣州的蒋经国接到了广西民政厅厅长邱昌渭发来的密电，得知章亚若在桂林突然死亡的噩耗：

慧云昨日突然去世，善后事宜弟当妥为处理，希兄节哀。

蒋经国回电邱厅长：

慧云遽尔逝世，弟悲痛不已，二幼子仍需全力照料，弟来桂林时，当面谢也。

蒋立即派遣自己的副官王制刚赶赴桂林协助处理善后事宜，带了一封蒋的亲笔信，是写给桂辉和亚梅的，信很长，桂辉只记得开头几句：

悲哉！痛哉！慧云不幸，暴病身亡，悲哉！痛哉！……

笔者曾到南宁采访了居住在南宁的广西文史馆员苏乐民老先生，他当时是广西民政厅厅长邱昌渭的属下，邱兼任广西警训所长，苏是广西警训所教育长兼警官补习班主任。当时苏乐民30多岁，中央警官学校四期毕业生（校长蒋中正）。苏乐民年轻有为，曾受蒋经国器重，邀请他到赣南服务，苏因家庭所累，没有应邀。

安葬章亚若的事，是苏亲手操办的，至今他仍记忆犹新。

1942年8月的一天上午，大约9点多钟，苏乐民教育长突然接到邱昌渭长官的电话："乐民么？我是邱昌渭，有急事，赶快来民政厅！"

"长官，什么事这么急？"

"赣南专员蒋经国的二夫人章女士在桂林医院去世了，快来！"

苏乐民驱车赶到民政厅，邱已经站在大门口等他，一见面，邱就说："现在给你400元钱，拿去买一副好棺材和衣裳、鞭炮，你负责安葬。记住了，你亲自去办！入殓好了，打电话给省府，要他们派卡车来，运送棺材到白面山安葬。"

苏乐民接过钱说："咦？前两天我还和我的夫人一起到丽狮路去看望她，人还好好的，怎么一下子就……"

邱厅长制止他："莫扯这些，快去办事！"

苏乐民赶去医院太平房，只见章亚若遗体上盖了白布，桂辉和邱夫人陪在旁边，苏揭开白布看章的遗容，还算安详，只是白惨惨的。

苏乐民打电话给邱厅长请示："长官，是不是定做花圈？要不要开追悼会，是否等一等她的家属和亲友？"

"马上下葬！"邱的回答，似乎每个字都蹦出火星。

苏乐民满腹疑惑，上街去正阳路寿衣店，买了衣裳、鞋袜、油灰、纸钱、香烛、鞭炮，他想，花圈就算了，免得惹邱长官不高兴。

出了正阳路，苏又找了六个“土作佬”，叫他们去拿了两根抬棺材的大木杠和绳索，到桂林水东门河边街棺材铺选购了一副200多元钱的上好棺材，抬到医院太平房，土作给章入殓的同时，苏乐民打电话给秘书窦寿华，叫他马上操办买墓碑、石灰、河沙等事宜。

卡车装上棺材，开到白面山脚草坪，当时为章亚若送殡的人，除了专业的土作佬，仅有桂辉、邱夫人和苏乐民三人，一路细雨绵绵，甚为凄凉。

苏乐民选好墓址和朝向，指挥土作配合警训所的10多名警士挖冢、拌灰浆、担沙运石。他想起还有一件要紧事，碑文怎么写？章亚若没有名分，怎么写啊？写蒋夫人墓？蒋方良置于何处？不写蒋夫人？蒋专员那里如何交代？苏乐民不敢自作主张，只好硬着头皮又给邱长官打电话请示。

电话那头，雷厉风行、遇事果决的邱长官似乎换了一个人，支支吾吾，唔，嗯，唔，嗯，好一阵子，才说：

“干脆，就写章亚若女士之墓。”

苏乐民问：“落款呢？怎么写？”

“写奉祀男丽儿、狮儿。姓，不要写！”

飞鸾桥夕照　周俊健 摄

苏乐民照办了，下葬，包坟，立墓碑，点香燃烛放鞭炮，拜别，收工，足足忙了三个多小时，已是下午5点多钟。

第三天，桂林市政府社会科、军事科的科长徐君虎与苏乐民到章坟墓吊唁，两人三鞠躬过后，绕坟一周。徐站在墓前，手搭凉棚，四处眺望，说："这座坟朝向很好，风水不错。"

蒋经国专门写信给苏乐民表示感谢，全文如下——

苏教育长乐民如晤：

亚若不幸在桂林逝世，叨蒙吾兄在百忙中照理一切，辛劳之处，铭感肺腑，刻下心烦如絮，余容后谈。

即颂教祺！

蒋经国

章亚若的遗体安葬之后,桂辉与亚梅将孝严和孝慈送往江西万安县，亲手交给外婆章太夫人抚养。

两天以后，桂辉将章亚若的遗物和遗嘱交给蒋经国。蒋双手颤抖，接过那床绣有鸳鸯戏水图案的被面，人亡物在，与章亚若朝夕相处的那些日子一幕幕浮现眼前，他禁不住泪流满面，许久，许久，没有说一句话。惠风捧着慧云的遗嘱，细细看，反复读，一遍又一遍，一边看一边流泪，想对桂辉说些什么，欲言又止。突然，他抬起头来，仰望天空，长叹一声：

“苍天啊！苍天不公啊！”

桂辉站在蒋经国面前，想说些安慰的话，但又不知该说些什么，此刻似乎说什么都是多余，只得与他洒泪而别。

笔者采访桂辉的时候，问起章亚若的死因，桂辉说：“亚若是被人害死的，害死她的人自己也不得好死！”

1942年8月，年轻的章亚若在桂林香消玉殒，留下了许多的悬疑。

章亚若究竟是怎么死的?

（八）

章亚若 1942年在桂林的突然死亡，人们猜测纷纷，各执一端。笔者归纳起来，有以下六种：一是小蒋部下愚忠护主自作主张谋杀，二是蒋方良指使人谋杀，三是蒋经国派人谋杀，四是章亚若自杀，五是老蒋派人谋杀，六是章亚若患产后热急病而亡。

1.小蒋部下愚忠护主谋杀？

章亚若怀了蒋经国的孩子，为了遮人耳目，就被蒋经国安排到了西南大后方的桂林，当时徐君虎在国民党桂林市政府任军事科、社会科两科的科长。

徐君虎回忆——

1942年的一天，我在赣州时关系很密切的部下，一个叫刘某某，是队长，一个叫杨某某，是局长，我不愿意说出他们的名字，其中一个现在还在台湾当中将，他们到了桂林问我借车，我问他们借车的用途，他们支支吾吾了一阵说："章亚若怀了肚子了，我们想用车子搭她去游山，在偏僻的地方把她勒死。"

我问："这是蒋专员的意思吗？"

一个说："不是，我们是爱惜蒋专员的声誉。"

另一个说："蒋专员平时教导我们要清白做人，他自己乱搞男女关系。”

我气愤地说：“章亚若是一个可怜的女人，你们这么做丧尽天良，赶快滚！”

他们不肯走，我大骂了他们一通，他们才离开了桂林。

过了一段时期，蒋经国的副官王制刚突然来访，我问他因何而至，他说章亚若生了双胞胎，人已经死了，他来处理后事，还告诉我，两个孩子已经送外婆抚养。

后来，有一次蒋经国经过桂林，几个银行的行长为他接风洗尘，蒋邀请我去喝酒。吃罢饭，我们两人站在桂林中正大桥上，月明星稀，我们各有心事，我问他：

“章亚若的坟，你不去看一看？”

他半天不说话，好久才说：“莫要提那些事了。”

从徐君虎先生的回忆中，可以看到小蒋部下愚忠护主、自作主张谋杀章亚若的可能性是存在的，若徐君虎不赶走那两个家伙，那两个家伙很可能就得逞了。但是这个事实毕竟没有成立。

执此一说、言之凿凿者，首推蒋经国的秘书漆高儒先生，他在台湾《传记文学》上发表《章亚若死因真相大白》文中说杀害章亚若的凶手是黄中美，对于这点，徐君虎先生也很不认同，他说，绝对不可能！黄中美有那么大的胆子么？蒋经国追究起来怎么办？

漆高儒先生的文中，凭着黄中美“要杀了章亚若！”这一句话，进行了一系列的推理，像一篇漏洞百出的小说，却拿不出黄中美杀人的任何事实凭据来。漆先生推理了谋杀的两步棋，第一步是“骗章到邱昌渭家”（笔者注：邱为当时的广西民政厅厅长），第二步是乘章在归家途中“有人注射或强迫吃下一种毒药”。

这两步棋的说法实在难以令人信服。先说第一步棋，既然要骗出来动手，为什么一定要骗到邱家？而且漆的文中说了，在“邱昌渭厅长家是不可能有机会动手的”。再说第二步棋，乘章在归家途中注射或强迫其吃下一种毒药，她可以反抗、可以呼喊、可以挣扎，那时就可能出人命了。她从晚上到第二天上午才死亡，这么长的时间，她完全可以把遭到毒手的事情说出来，但她既没有喊冤，也没有报案，这合乎常理吗？她有蒋经国的背景，怕什么？再说，如果途中遭毒手，为什么第二天清晨才到医院？笔者采访了章亚若最亲密的结拜姐妹桂辉女士，桂辉是当年章亚若在青干班的同学，在桂林曾陪伴章亚若。桂辉女士告诉我说，章亚若是由于腹泻才去医院的。

笔者认为，黄中美杀章，有预谋有动机，但是实施与否、作案工具、作案地点、作案手段等等，漆先生拿不出一件证据来，所以此说只能存疑。

2.蒋夫人蒋方良指使人谋杀？

此说不足为信。

其一，蒋方良是世人公认的贤良女人，为人厚道，无心政治，淡薄功名，对章是很友好的，章亚若曾做过蒋方良的孩子蒋孝文、蒋孝章的家庭教师，章还教过蒋方良唱评剧《苏三起解》等戏曲，蒋方良这么一个与世无争的人，怎么可能指使杀人？

其二，她到中国不久，人生地不熟，也无职务，也无权力，也无心腹爱将，派谁去杀？随便派一个人，这个人告诉蒋经国怎么办？

其三，她当时是否知晓蒋和章的秘事还是一个未知数，从她与章融洽相处的关系来看似乎并不知道此事，退一步说，即使她知道，作为一个欧洲人，看这种情事，也比中国人看得开，犯不着去要人的命吧？

3.蒋经国派人谋杀？

蒋经国爱章亚若，绝非逢场作戏，是动了真情的，诸多事实可以证明，小蒋不会如此绝情，让心爱的红粉知己死于非命，让心爱的孩子失去母亲。章死后，蒋哭肿了眼睛，以至于戴着墨镜遮盖。他怎么可能派人谋杀？所以此说不攻自破。

但是，并不排除这种可能，就是他知道有人要谋害章亚若，但为了政治前途着想，不得不忍痛割爱、默认了这么一个残酷的现实。

为什么这么说呢？

首先，他与章的恋情始终是秘密的，而关于这个桃色新闻的传播，不能不引起他的警惕。如果有人要除掉章亚若，对她来说也是一个解脱吧。不然，章1942年在桂林“暴病身亡”，他为什么不追究原因呢？是否他事先知道真相了？

其次，对于自己的部下黄中美等人明目张胆要杀害章的言论，他也有所耳闻，为什么没有对这些人有所行动？在章生前没有、死后也没有对这些人采取制裁。据徐君虎说，蒋经国还邀黄中美去台湾，黄没有去，为什么黄不去呢？是不敢，还是不愿？蒋经国在章死后从来不愿意提起章亚若的事情，是否蒋有难言之隐？

4 .章亚若自杀？

人在赴死之前，会有种种迹象，比如交代后事、向亲人告别、见重要的人最后一面、整理自己的重要物品、举止言谈反常等等，但是这些行为，在桂林与章亚若朝夕相处的桂辉女士从未发现有过。死前，章还请了家庭教师来补习英文，这说明她是有长远打算的。再说，她如何舍得两个刚出生的孩子？母亲的责任，会使任何软弱的女子无比坚强，更何况章并不软弱。她若要自杀，为什么要自己去医院？所以，自杀之说不可信。

5.老蒋派人谋杀？

老蒋反复训诫，要小蒋懂得修身齐家治国平天下的道理，每月要小蒋把学习心得交给他，还派人参观小蒋的赣南新政、参观小蒋练兵、指示报界宣传小蒋是个“蒋青天”，可谓用心良苦。一帮党国元老，对此颇有异议，小蒋稍有不慎，就会葬送前程。老蒋爱小蒋，有步骤地让他接班，可是小蒋弄出这么一档子事来，演出这么一场乱世风流戏，他身为党国首脑，虽然很忙，但是这事他得操心。老蒋是很爱面子的，他提倡新生活运动，宣传礼、义、廉、耻，小蒋眼看不能修身，何以齐家治国？这不是在制造众人攻击、拉小蒋下马的口实吗？

但是，老蒋派人谋杀章，没有任何证据可以证明。

6.章亚若患产后热死亡？

此说是程思远等人的观点。笔者曾采访过当时的全国政协副主席程思远先生，他对笔者这样说的。笔者认为这个说法更为勉强，因为章亚若是1942年1月产下孝严、孝慈双胞胎的，却在1942年8月死亡，中间隔了半年多的时间，而产后热是一种急病，要么治好，好么死人，哪里拖得这么长这么久？

此说大谬。

7.章亚若死于霍乱？

当年的章孝严、章孝慈双胞胎，曾经说过：我以姓章为荣，后来章孝严又认祖归宗改姓蒋。这就有力地说明，他们不认为自己的母亲是被蒋家谋杀的。

笔者经过调查，再提供一个可能，那就是：章亚若死于霍乱。

笔者采访过广西医学院的老院长叶培先生，他当时是桂林医院的医生，据他的回忆，当时的症状和整个医治过程如下——

章亚若的症状是：腹泻、烦躁、发烧、休克、身上有紫色血块，眼睛突然一片漆黑，浑身不适。医治手段和过程是：打针，找不到血管这可能是血压低引起的血管收缩，是休克的症状，找冰块降温，下病危通知写“血中毒”等。

叶培告诉笔者，食物中毒不可能引起发烧，有三种情况会引发上述症状：一是霍乱，二是沙门氏菌属感染，三是中毒性痢疾。这几种病的整个发病过程是上吐下泻——脱水——电解质紊乱——休克——四肢发冷——血压低——弥漫性血管凝血，导致身上出现暗红色、紫色血块。当时战乱年代，医疗条件差，只能做些简单的血常规、大小便常规检查，急病死人的事情经常发生，病危通知单上写“血中毒”是不科学的。

（九）

如今，章亚若在桂林生下的儿子、任台湾国民党副主席的蒋孝严认为母亲章亚若是被人害死的，他在自己的著作《蒋家门外的孩子》中提到——

“主事者认定，只要手段干净利落，并且下令医院封口，不引起怀疑，不留下痕迹，事后经国先生绝不致责备，亦不敢追查。”

“经国先生对母亲猝然逝世一事，对外态度是一种压抑的，不再过问，也不追究。”“但是他在赣州身边的几位贴身机要和亲信，包括黄中美、王制刚、高理文、桂昌德、桂昌宗等人在先母逝世后不久，都被一一调离赣州，担任闲职，不受重用，且未再与他们见面，只有少数人例外。”

蒋孝严分析了母亲的死因，在书中写道：

“我已没有年轻时复仇的怒火。莎士比亚《哈姆雷特》悲剧性的故事并不足取，冤冤相报只会造成仇恨的扩大和衍生。让我为自己的祖父和父亲作最后的辩解，并将不负责任的推测就此打住；让我完全原谅凶手的错乱、自私、凶残和冷血；让我藉这本书把母亲的不幸和悲苦化成宽恕的爱。相信会是母亲所乐见的。”

章亚若究竟是怎么死的，已成千古之谜。

桃花湾，桂林米粉发源地

桂林米粉

山之灵，水之魂

桂林的小吃，首推桂林米粉。

天有三宝日月星，地有三宝水土金，人有三宝神气精。桂林米粉，源远流长，一根根，一缕缕，凝聚着桂林人的神气精。

桂林正阳路上，有一个老字号叫味香馆，馆中大堂陈列着非物质文化遗产榨米粉的老物件：捣米的碓臼、榨米粉的杠杆、捞绞、坠榨石等。这些老物件是“桂林人饮食集团”从桃花湾的村子里挨家挨户寻找收购来的。这些老物件，默默述说

新村故事　罗美琮 摄

着桂林米粉悠久的历史，见证和说明了桃花湾这个地方，是桂林米粉的发源地。

桂林米粉，滑滑嫩嫩，有味道，有韧性。有道是，不吃桂林米粉，枉做桂林人。有一首歌叫《桂林米粉》这样唱道：

香喷喷，喷喷香，桂林米粉味道爽，
根根有头不见头，碗碗有汤不见汤，
不吃不是桂林人，吃了愿做桂林郎。
……

一个地方的风味，与当地的水土气候、历史沿革、地域文化等因素密切相关。桂林的山倒映着水，有千般妩媚；桂林的水缠绕着山，有万种风情。山之酷与水之媚，山之刚与水之柔，山之静与水之动，山之仰与水之俯，山之野与水之文，不正是“和、合”的结晶么？山是水的影子，水是山的期待，山水永不分离。正因为有这组合、结合、融合、亲和，桂林山水才得以“甲天下”。如此佳境，产生出意趣横生的米粉，也就不足为奇了。

外地的一些桂林米粉的店家，挂着“正宗桂林米粉”的牌子，其实无论你怎么吃都吃不出桂林米粉的“正宗”味道，怎么回事呢？有人说是米的关系，有人说是调制关系，有人说是气候关系，都有些道理，但有一点十分要紧：桂林米粉是漓江水做出来的，它有漓江的韵味。没有一个特定的地域文化氛围，味道就不可能“正宗”起来。

桂林米粉妙在和谐

说起桂林米粉，真是五花八门、七彩纷纷。

唱戏的腔，厨师的汤。桂林米粉的卤水熬制最为讲究，加入了茴香、八角、桂皮等十几种香料和猪牛肉、骨头、下水，用先文后武的火候精心伺候才能成功。米粉的卤水以锅烧为帅，黄喉白肝、连田牛肉巴、百叶肚为将，油炸黄豆、葱花、芫荽、蒜末、辣椒为卒，共同“操演”。一碗米粉，红的黄的白的绿的作料铺在粉上，山水一样动人，你把米粉送入口中，锅烧香脆，牛肉巴耐嚼，连田滑嫩，黄喉鲜甜，白肝绵软，黄豆爽口，油辣椒微微刺激，各色口感综合，浑然天成。饭与菜、华与实、主与从、鲜与陈、荤与素、浓与淡、坚与柔……体现了中国食文化中和谐的境界。

桂林米粉，深得和谐三昧，堪称食文化正宗。

“和”字是很要紧的，待人接物，讲究和颜悦色；做买卖的人，都知道和气生财；治国者，向往着政通人和；自然气

美丽的桃花江　文绍军 摄

候，人们喜欢风和日丽、和风细雨、春风和煦；社会是人的社会，人是社会的人，社会强调和谐，人与人之和谐，人与自然之和谐；甚至那些打麻将的人，都期盼着“和”一把。“和为贵”是中国人的传统古训。

往大处说，“和”其实是中国哲学的根基。

中国人讲究“和”，以之为最高境界。中国烹调的核心是“五味调和”。桂林米粉的选料荤素搭配，讲究五色、八香、九口味，吃米粉的时候要将米粉的各种配料拌匀后再吃，谓之

“和”；烹饪工序上涵盖了中国“烹”与“调”的多种手法，这些都恰如其分地体现了中国烹调的和谐境界。

桂林米粉，妙就妙在这个“和”。它的传统工艺，是把米磨碎化为浆，然后晒干，搋成粉团再煮，煮熟后压榨成米粉。“粉”字，由“米”、“分”二字组合而成，米聚而散，散而聚，反反复复，于是成了米粉。米粉结构紧密，筋力好，有劲道，这就是“和”。

老桂林都知道，桂林桃花湾里甲山乡睦邻里（又叫敦睦村，“敦睦”就是敦促和睦的意思）的米粉最够劲。这个村名来历，与和谐有关，有个动人的故事，下面要讲到。睦邻里的米粉绝招在于传统工艺搋粉团的功夫，将一半熟一半生的粉团反复揉搋和成，再压榨成粉，如调节阴阳平衡一般。这就难怪米粉既有筋力又有光泽，从早到夜不变味不发酸。

米粉要靠卤水掺和，米粉本身淡而无味，卤水浓而有香，有无相生，浓淡相宜，这就是“和”。店家熬制卤水是重头戏，每个店家都有自己的卤水方子，有人甚至传男不传女，秘而不宣，作为保护自己品牌、在商业竞争中立于不败之地的秘密武器。不过，常见的是豆豉坐锅，加入桂皮、草果、沙姜、八角、大小茴香、宫丁、甘草等29种香料和猪牛肉下水等，用先武后文的火候精心伺候，文武相和，使之味和。光用武火，味道会逃跑，光用文火，味道出不来。更绝密的一招是卤水里调点冰糖，味道更纯正。

卖米粉时，米粉冒热，就是将米粉放入滚水中烫一下，当地叫“冒”。店家随卖随冒，滤干水气之后，反扣入碗，呈龟背形，便于铺料，也便于卤水往粉中渗透掺和。卤菜也是随卖随切，免得干水走味。卤菜切得薄如蝉翼，油要淋得散，俗称“风吹臊子跑马油”。黄豆等作料要撒得开，它们的分，是为了与米粉更好的相和。

米粉与卤水配料之间是一种若即若离的微妙接触关系，拿起筷子来搅拌它们，这时舌头这个味觉感受器开始兴奋，做好了投入的准备，筷子慢慢搅和拌匀之后，你可以吃它了。将碗里的内容一一送入口中，各种味道如百花齐放，那个爽啊。

吃罢米粉，浓香的卤水刚好拌完，一滴不剩，碗底见青天。

桂林人吃卤菜米粉，喜欢撒几粒油炸黄豆，吃马肉米粉爱放几颗油炸花生，据说是吃马肉会生马疔，花生可解马疔之毒。

现在的桂菜虽然杂和了粤菜、川菜、湘菜的做法，成了一种边缘口味，但桂菜依然保持着自己的特有风味，历经沧桑而始终不变。为什么呢？这就要感谢桂林米粉的卤水了。传统的桂菜比如粉蒸肉、荷叶鸭、回锅肉、炒田螺、啤酒鱼、香酥鸡、腐竹焖肉、荔浦芋扣肉等等，都缺不了桂林米粉卤水的底料。

桂林米粉的卤水，构成了桂菜的基调。

鲁家村百家宴　刘航建 摄

桂林米粉的传说

前年夏天，《凤凰卫视》采访不才，面对镜头，不才说了桂林米粉的传说故事——

很久很久以前，漓江边有个摆渡的后生名叫睦哥，他家境贫寒，为人忠厚，心地善良，守着个年老多病的母亲度日。他见到桃花江边的两个村子，为祖辈结下的冤仇械斗不已，非常痛心，劝说多次，终因人微言轻，无济于事。

一天中午，他正准备拴好船回家吃饭，忽然看见一只凶猛的鱼鹰从空中俯冲下来，眨眼工夫，叼起江中的一条鲤鱼正要腾空，说时迟那时快，睦哥将鱼叉掷向鱼鹰。鱼鹰死了，鲤鱼获救。

睦哥捞起鱼叉正要离去，却见鲤鱼竖着身子，连连鞠躬说：“大哥！大哥！我是龙王的小女，大恩不言谢，我要报答你！说吧，大哥，有什么需要我帮的？”

睦哥就说：“第一，我娘有病，你能医好她么？第二，千年积怨，你能化解么？”

鲤鱼问清楚后，说：“这都有办法！”边说边拔下身上的鲤鱼须来，送给他后，如此这般叮嘱交代了一番。

睦哥捧着鲤鱼须回到家中，照着鲤鱼吩咐的方法把米磨成了浆，然后又榨成了粉，蒸熟了一揭开锅，雪白晶亮，香气扑鼻，他赶忙盛了一碗给老娘吃。老娘连吃三碗，吃得眉开眼笑，头发黑了，皱纹没了，腰板直了，精神抖擞，年轻了许多。

这香气啊，香了好几十里，附近村里的人闻香而来：“什么东西这么香啊，香得要命！”睦哥随口答：“米粉。”

“啊？米粉？从来没听过啊，快告诉我们制作方法。”

“莫着急，大家先尝尝味道。”睦哥夹起米粉让众人吃。

众人吃了，说：“硬是好吃，神仙蟠桃也比不过，教我们做啊！”

睦哥的目光在众人前扫来扫去，说：“这倒不难，不过要依我一件事情。”

“莫说一件，十件八件也依得。”

睦哥说：“那好，你们桃花江边这两个相邻的村子，要和睦相处，不能老是打来打去了！答应这个，我就教你们做米粉。”

两个村子的人，你望我，我望你，怪啊，都没有注意到仇家在场，光留意吃米粉了。大家低头默想：是啊，械斗没完没了，死了人，荒了田地，两败俱伤，狗屁不值，该结束这种愚蠢行为了。于是他们纷纷点头：“睦哥，难得你一片苦心，我们答应你，不再械斗了。”

睦哥说：“那好，口说无凭，要搞个仪式，立下字据。”

第二天，两个村子的男女老少都来了，睦哥照着鲤鱼传授的方法，教众人做了米粉，加入了香料，然后请两村的众乡亲来吃米粉宴，摆下了100多桌。

入席前，两村的族长相对跪拜，喝下血酒，指天为誓：“从今以后，世代友好，永不争斗！”他们盟誓完毕，立下字据，睦哥拿了出示众乡亲。

又是“三月三” 周云 摄

两个族长夹起米粉，互相送入对方口中，众人鼓掌欢呼：“世代友好，永不争斗！”

接着，人们齐刷刷坐下来，热热闹闹吃米粉，你帮我夹，我帮你盛，尽释前嫌。

后来，在睦哥的建议下，这两个村子并成了一个村，取名“睦邻里”，又叫“敦睦村”，就是敦促和睦的意思啦。睦哥抖落全身的技艺传授米粉的制作方法，方圆几十里的人都慕名而来，学习制作米粉，渐渐桂林许多地方都有人制作米粉了。

如今，你到桂林市甲山乡的敦睦村去，还可以看到村头路边躺着蹲着一些破损的压榨米粉的坠榨石。它们斑驳的身影，令人默默追忆桂林米粉悠远的历史。

桂林米粉最多情

桂林米粉是个多情物。

桃花湾有这么一种风俗：恋爱的双方如果情投意合，确定下关系就去吃米粉。吃，是一个仪式，米粉作为定情物。

有个真实的故事，说的是天灾人祸交加的1960年某月某日，一对恋人相爱的火候已经到了谈婚论嫁的地步，但是爱在心里口难开，于是双方就沉默，就凝视，像音乐中的休止符，像戏剧中的静场，像美术中的灰色……终于姑娘在沉默中说出一句话：

“你,好多米一条月？”

小伙子听了一愣。

半晌，他才回过神来：“我……我……我们肚子饿了，去吃米粉吧。”

姑娘点点头，跟着他进了米粉店。两人买了一碗米粉，分着吃。

他们后来成为夫妻。

这个故事在20世纪60年代的桂林广为流传。

桂林米粉是桂林寻常百姓的早餐，有平民化的色彩，在桂林凡是宾馆里做的米粉都不大受欢迎，只有米粉店才是它的家。桂林米粉极容易上瘾。不少桂林人到外地出差，回到家头一件事就是来碗桂林米粉。

桂林人在外地久了，免不了想家，想得要紧的时候就想来一碗桂林米粉。那些在外地工作的桂林人，仿佛也受到了感染，被丝丝缕缕的米粉缠绕得脱不开身，产生了“桂林米粉情结”。他们在回家探亲的几周时间里，吃东西总觉得少了点什么味道，总觉得若有所失，待吃上桂林米粉之后，才发现种种失落感的产生皆源于桂林米粉。你说奇了怪了吧？

桂林抗战文化城期间，有个上海画家蒋渭青，抵万金的家

敦睦村　黄宝生 摄

书数封催他返乡，总不见人影，追问其故，答曰：“阿拉就是舍不下桂林米粉。”

这便是桂林米粉胜乡情了。

桂系将领、国民革命军一级上将李宗仁和白崇禧都是桂林人，在南征北战之隙，每次返乡总要把桂林米粉吃个痛快，聊作疲惫军旅生涯的小憩。李宗仁身为中华民国代总统坐镇南京时，思乡心切，无以排遣，解忧唯有桂林米粉，于是命令部属派飞机回家乡空运了一桌桂林米粉来，刚出榨的米粉与刚熬好的卤水、配料一应俱全，到南京时，米粉还冒着腾腾热气……

1948年，中华民国国防部长白崇禧为李宗仁竞选副总统效鞍马之劳，展开夫人外交攻势，让夫人马佩璋请广西籍的国大代表吃桂林米粉，送礼物，叙乡情，恳请他们投德公（李宗仁字德邻）一票。你看，桂林米粉成了联络感情的特殊纽带了。

据《广西文献》载，桂系将领白崇禧晚年客居台湾时，年迈多病，不能叶落归根，甚为痛楚，人生的最后驿站里，嘴唇成了无法愈合的“伤口”，他找到了桂林米粉作为“药品”，常常吃它，“伤口”减少了疼痛，于是就有异常的温馨在齿间徘徊。如今“小诸葛”已作古异乡，无处话凄凉。他的儿子、美籍华人、作家白先勇说过：“我写作，是为了将心底无法诉说的痛苦用小说表达出来。”他在小说《花桥荣记》和《玉卿嫂》中，表达了隐隐作痛的苦恋乡情——

提起我们花桥荣记，那块招牌是响当当的。当然，我是指从前水东门外花桥头，我们爷爷开的那家米粉店。黄天荣的米粉，桂林城里，谁人不知，哪个不晓？爷爷是靠马肉米粉起家的，两个小钱一碟，一天总要卖百把碗，晚来一点，还吃不着呢。我还记得奶奶用红线将那些小铜板一串串起来，笑得嘴巴都合不拢，指着我说：“妹仔，你日后的嫁妆不愁了。”连桂林城里那些公馆请客，也常来定我们的米粉。我跟了奶奶送货，大公馆那些阔太太看见我长得俏，说话知趣，一把把的赏钱塞到我的袋里，管我叫“米粉丫头”……

鲁家新村新客人　汤志宏 摄

白先勇先生用的是桂林话的语言素材，却是《红楼梦》的韵味。是啊，都云作者痴，谁解其中味？海峡茫茫阻隔了两岸亲人几十年，绵绵长长的桂林米粉，一头连着台湾和海外，一头连着故乡……

无论是《花桥荣记》中的荣记米粉店，还是《玉卿嫂》中的哈盛强米粉店，白先勇都描绘了浓得化不开的乡情和对故乡的一腔爱恋。

这乡情和爱恋非一笔可以道出。桂林人的一生，可以说是吃米粉的历史；少小吃粉固然是随它的味；长成吃粉，却是品它的味；老大吃粉，简直就是追逐和琢磨它的神韵了。多少人生悲欢，升降沉浮，个中甘苦，唯有米粉知。

中央乐团著名女高音歌唱家梁美珍，桂林人，1986年8月归故乡举办自己的独唱音乐会，她谢绝了丰盛的宴会，手拿饭盒去打桂林米粉吃，少小离家老大回，桂林米粉总也吃不够，似乎要用它来理顺心头那团剪不断的情丝。

由于吃了桂林米粉，她在艺术馆里一展美声歌喉， 歌声更为清亮，音韵三日绕梁，引得观众掌声阵阵。莫非吃进肚里的根根米粉，纷纷化作一个个美妙音符?

“刘三姐”黄婉秋，桂林人。她有段时间调到外地工作，每次返桂林，总忘不了到味香馆去吃桂林米粉，夹起洁白的米粉送入口中，她感到自己实实在在又回到了魂牵梦绕的故乡，又回到了母亲的怀抱，找回了成名之前的那个自我，拾回了在故乡曾留下的深深浅浅的脚印。

一根根米粉，一缕缕乡情。

一滴滴卤水，一粒粒游子思乡泪。

碗碗米粉，盛满人世沧桑。

桂林米粉最有情，不论你是外乡人还是本地人，不论你是布衣平民还是总统将军，不论你是芸芸众生还是社会名达……一视同仁地亲你爱你缠绕你丰富你慰藉你滋润你。

有关桂林米粉的话题，三天六夜也说不完，暂且说到这,以后有时间再接着说。如果你到桃花湾旅游，但是却不知道那里的风土人情、历史沿革、名胜来历，那么再好的风光游起来也只是行走而非神游。

若是你晓得了桂林米粉的个中三昧，吃起来味道如何?

若是你在游览桃花湾的秀山丽水之余，多出一份味觉之外的感受，多出一份精神上的享受，多出一份对桂林的爱恋，则是笔者莫大的欣慰了。

陈济桓将军成仁侯山坳

陈济桓将军

桃花湾景区的侯山，海拔581米，桂林有句俗语："大不过尧山，高不过侯山。"

有道是，男儿为国沙场死，马革裹尸骨也香。桃花湾不会忘记，这里是当年桂林守城官兵突围的路径；侯山坳不会忘记，这里曾是陈济桓将军杀身成仁的地方。

陈济桓将军，字玉承，号昆山，1890年生于广西岑溪县一个贫困农家。1926年参加北伐战争，任国民革命军第七军独立一团团长。1933年因坐骑受惊坠马，成了瘸子，伤愈后入中央军校深造，毕业后晋升为陆军中将，任广西绥靖公署第二金矿

革命烈士证明书

主任。他身在矿区，心系抗日前线。

1944年8月底，桂林保卫战拉开序幕，桂林城防司令韦云淞缺参谋长一职。陈济桓致电第四战区司令长官张发奎，竭力求战："全国抗战已七个年头了，我本属军人，日寇已逼近家乡，我岂能坐视不管？"张发奎当即委任他为桂林防守司令部参谋长。他到职不久后寄回家中的一封家书写道："吾无以报国，唯有五尺长躯耳，桂林存我存，桂林亡我亦亡，吾意已决，不成功便成仁。"他嘱托怀孕的妻子罗佩英："生下来的孩子，不论男女，我若守城胜利，取名'可卫'，若桂林失守我亦战死，孩子取名'可伟'"。可卫，意为桂林城可保卫；可伟，意思是桂林失守，他定与城共亡，虽死犹荣，精神伟大。

到了桂林之后，他对部下说："我当了一辈子军人，仗打

侯山坳　桂林老龙 摄

了不少，有99次大小战斗，打来打去，都是中国人打中国人，没什么意思。现在是第一百次战斗，是关系国家民族存亡之战，我用这一百斤水（指身躯）和鬼子拼了！”

他与第31军副军长冯璜登上了侯山制高点，用望远镜观察地形，感慨地说：“桂林这地方实在太美妙了，若战死于此，能葬身于这仙境之地是吾等之福啊。”

由于他在桂军中的美名和威望，以一残疾之躯主动请缨参战，守城官兵军心大振，抱定誓与桂林共存亡的决心，于是，桂林守军的各阵地上，出现了“生为桂林守军，死作桂林雄鬼”、“老子生在广西，死在桂林”等陈济桓语录的标语。

11月8日，日军攻占七星岩的桂林守军大本营，施放毒气，800余名官兵中毒牺牲。10日晚，城防司令韦云淞决定弃守桂林，任命陈济桓为城防副司令，率司令部官兵突围。晚上九时，最后一批突围的陈济桓带着不足200人的队伍，强渡桃花江，伤亡50多人，终于突破重围。但由于天黑，竟然又转回到了桃花江边，此时已是次日凌晨四时多，队伍走到侯山坳稍作喘息。此时，他们并不知道自己已经陷入了绝境，处在最为不利的U形底部，而U形的两边制高点，早已被敌军占领，架起了重机枪……

重机枪响起来了！朝着U形底部猛烈扫射。疲惫的突围队伍伤亡惨重。陈济桓率领人马浴血突围，机枪子弹击中了他的左臂和面部，陈济桓倒下了。他强忍伤痛，挣扎着从口袋中掏出一张自己的名片，正面是“广西绥靖公署第二金矿主任陆军中将陈济桓”，他在名片背后写道：“职口臂受伤不能脱离阵地，决定自杀成仁，以免受辱”。随即，他在名片上盖印鲜血指模。他把名片、怀表和钢笔交给身边卫士，下令军官迅速组织人员趁天亮前突围，然后，举枪自杀，殉国成仁，时年五十三岁。

抗日战争胜利后的1946年3月29日，桂林隆重召开抗日阵亡将士万人公祭大会，沉痛悼念陈济桓、吕旃蒙、阚维雍三位将军和八百壮士。1984年广西人民政府追认陈济桓、吕旃蒙、阚维雍三将军为抗日战争革命烈士。

吕旃蒙将军捐躯桃花湾

吕旃蒙将军照片

美丽的桃花湾，也曾有过抗日烈士的鲜血浇灌。

烈士的英灵，与桃花湾里的名山胜水共享千秋。

1973年，重修德智桥（今胜利桥）的时候，桂林市政工程处的施工人员曾挖出过三米多长的炮弹，还有一些残留的弹片，可想当年战斗惨烈之程度。

1944年10月底，日军进攻桂林，在惨烈的桂林保卫战中，国军31军少将参谋长吕旃蒙战死在桂林德智中学（今日桂林市德智外国语学校）附近的德智桥头（今胜利桥），他牺牲的时

胜利桥　黄宝生 摄

候，年仅39岁。

吕旃蒙，1905年出生于湖南零陵的一个殷实家庭。1926年3月，吕旃蒙满怀报国信念考入黄埔军校第五期，毕业后，历任排长、连长、团长、军校总队副等职。1935年入陆军大学十三期深造。抗日战争爆发后，于1939年调任国民党陆军第二预备师参谋长。同年12月，吕旃蒙奉命随陈明仁师长率部队参加赫赫有名的昆仑关战役。吕旃蒙因督战有方，荣立战功。1940年4月24日恰逢吕旃蒙生日，陈明仁师长设宴庆贺，并致祝辞："昆仑关战役中，要是没有吕参谋长的果断督战，岂能

美丽的桃花江畔　刘航建 摄

转危为安取得胜利，也许我们这个师早就不存在了。” 此役歼灭日军坂垣师团数千人，击毙日寇第21旅团大佐旅团长中村正雄少将。

第四战区司令长官张发奎很赏识吕旃蒙，1941年陈明仁升任军长之后，张发奎将吕调来，任第四战区司令长官部少将高级参谋。由于吕旃蒙多次申请要到前线作战部队去，1942年调任陆军31军少将参谋长。

1944年，侵华日军为打通西南至越南的交通线，倾巢南下，连续攻陷长沙、衡阳之后，国军93军军长陈牧农弃守黄沙河，导致桂林门户洞开，日寇于10月底出动六个师团近10万人兵分三路，由灵川、高尚田、海洋坪进逼桂林。我方仅有31军军部及直属队，还有131师、170师，另配属一个炮兵团，总共不足三万人，形势十分险恶。第四战区司令长官张发奎原拟调吕旃蒙赴宜山驻守待命，吕旃蒙坚持要赴前线，他说：“大敌当前，正是吾人报效国家之时，我怎么能离开全军兄弟去大后方山区呢？”他明知敌众我寡，我军3万余人要对付敌军10万人，难于长期固守桂林，仍主动请缨：“驻守桂林，与敌决战，当此国难时，与城共存亡！”

31军从柳州开赴桂林之时，吕旃蒙的妻子周成益前来送行，知道此去凶多吉少，泣不成声。吕旃蒙接过妻子怀中的幼女，抱着亲了又亲，对妻子说：“不用为我担心，即使我战死沙场，也会有人照管你们母女的，史册也会有所记载的。”

10月29日敌军开始攻城，当时，131师阚维雍所部防守中正桥（今解放桥）以北地区，171师许高阳所部防守中正桥以南。10月31日，近10万日军团团围住桂林城，在飞机坦克的掩护下猛攻。此时，吕旃蒙奉命率31军官兵坚守在城西老人山一带阵地上，抗击攻入城内的日军。敌军迂回到老人山背后以重炮轰击，桂林城一片火海。在一周的激战中，桂林东面的屏风山、猫儿山守军浴血奋战，伤亡殆尽，日军撕开口子，重兵侵入，从腹背夹攻七星岩、月牙山一带。11月 8 日防守东江地区391团指挥所及所部800多人与敌苦战三昼夜，被围困在七星岩内，日军惨无人道地使用毒瓦斯和火焰喷射器，洞内我军除个别逃出，其余全部遇难。 9 日晚，东镇路131师指挥所被围，师长阚维雍弹尽援绝，自杀殉国。吕旃蒙指挥部队浴血突围，四面冲杀，面临合围之敌，激战至深夜，退至德智中学（今桂林市德智外国语学校）。日军集中火力攻击德智中学，再次施放毒气。吕冲至德智桥头（今胜利桥），身中数弹，壮烈殉国。消息传来，深知吕旃蒙为人的第四战区总司令张发奎哀叹：“我们早就料到了，桂林若陷，旃蒙必亡。”

抗日战争胜利后，当地政府将为保卫桂林、抗击日寇而英勇牺牲的三位将军及在此次战役中牺牲的八百壮士遗骸葬于普陀山。1947年，国民政府为以身殉国的吕旃蒙颁发荣哀状，并

德智中学老教学楼　黄宝生 摄

追认他为中将，给予国葬和优抚。桂林人民把为桂林保卫战而殉国的吕旃蒙、陈济桓、阚维雍三将军及七星岩里宁死不投降的八百壮士的遗骸合葬在桂林普陀山麓博望坪，立碑构亭以作纪念，供后人瞻仰凭吊。

1984年4月，经民政部批准，追认吕旃蒙等三位将军为革命烈士。三将军烈士纪念碑与八百壮士墓，定为爱国主义教育基地。

影后胡蝶桂林轶事

胡蝶

鲤鱼脱得金钩去

桃花湾是个美人窝，郭德洁、胡蝶、章亚若，这些民国时期的大美人，都曾经在这里居住过。这里的一山一水，一草一木，一砖一瓦，都留下过她们的足迹，见证了她们的命运。20世纪40年代中国的大牌影星胡蝶是怎么来到桂林，又是怎么样住进桃花湾的呢？说来话长。

抗战时期，人们用女性来比喻城市，西安是白发祖母，重庆是抗战夫人，香港是封面女郎，上海是落难公主，桂林则是

胡蝶

病态美人。那时的桂林，人口猛增，最多时达到70多万人。人上一百，形形色色，三教九流，应有尽有。光是各界的文化名人，就聚集了上千人，他们组织抗战团体，鼓吹民主，唤醒民众，演戏、演讲、办画展、办讲习班、诗歌朗诵会、万人大合唱、出版书籍，一时间，把文化城桂林闹得沸沸扬扬。

人口急剧膨胀，造成了住房紧张，桂林的房价一月几涨。俗话说，宁做太平鬼，莫当离乱人。逃难到桂林的人，惶惶如丧家之犬，急急如漏网之鱼，狼狈不可名状。没有住房怎么办？有关系的托关系，有钱的使钱，无关系无钱的，只好动手自己盖起住房来，竹篱批灰的抗战临时房，举目皆是，多建在东江一带，称为文化区。文化人穷，只能如此。当时田汉先生有一首打油诗，在桂林广为流传。诗曰：

爷有文章不济贫，桂林珠米贵如薪，

杀人无力求人懒，千古伤心文化人！

与桂林东部东江文化区迥然不同的是，桂林西部的贵族区，这里多是砖木结构的小洋房，在桃花湾一带，称为贵族区。贵族区在桃花江畔、西山脚下，依山傍水，景色宜人，山多洞穴，躲空袭也方便，政府的一些官员如民政厅厅长邱昌渭等人的洋房，就在丽狮路上，顺便说一下，那时的民政厅权力比现在的民政厅大多了，连公安局都归它管。这桃花湾的丽狮路上曾住过万金油大王胡文虎的儿子，蒋经国的秘密情人章亚若，还有影后胡蝶等人。

自从抗战爆发以后，胡蝶随同丈夫从上海逃到香港。1941年，香港沦陷。日本侵略者企图利用梅兰芳、胡蝶这类有社会影响力的公众人物给自己贴金，便拉拢胡蝶，提出由日方出资，约请她拍摄一部日本风光旅行片《胡蝶游东京》。聪明的胡蝶一眼就看穿了日本人的奸计，她深知如果此片一旦拍摄，不用等到放演，日本人就会大做文章，大肆宣扬“大东亚共荣圈”，造成“中日亲善”的假象，以便进一步欺骗、奴役中国人。她察觉事态极其严重，既不能做日本人的花瓶，背上“汉奸”的骂名，又不能硬邦邦明目张胆回绝日本人，如果把话说死，很可能惨遭不测。她推脱自己息影多年，又假称已有了身

俯瞰桃花江　邓爱华 摄

孕，需要静养，不便赴日出演。日本人哪肯善罢甘休，不时打来电话，隔三岔五来找胡蝶，利诱威逼，胡蝶与日本人敷衍周旋的同时，暗地里加紧做着逃离香港的准备。

1942年8月27日拂晓，装作孕妇的胡蝶和家人以走亲访友作掩护，偷偷出门。临行前，胡蝶把自己的贵重物品和各种纪念品装成30大箱，委托杨惠敏运回大陆。胡蝶和家人由杨惠敏和中共抗日武装东江游击队的人带路，胡蝶的两个孩子由游击队安排的人用箩筐一头一个挑着，其余的人则徒步，避开人多的地方，走偏僻小路。

杨惠敏何许人也？她与胡蝶一样，也是家喻户晓的名人。上海“八一三”抗战时，杨惠敏身为女童子军，代表社会各界，冒着枪林弹雨，泅渡苏州河，向坚守四行仓库、与日本侵略军血战的国军八百壮士献旗。一时间，杨的勇敢行为感动了全国，各界舆论赞誉她为“中国圣女贞德”，她成了“抗日形象天使”。

香港沦陷之后，杨惠敏女士受国民政府赈济委员会（简称赈委会）的派遣，前往香港接运爱国抗日人士到大后方。

鲤鱼脱得金钩去，摇头摆尾不再来。胡蝶一家逃离香港，5天后到达曲江。曲江即今天的韶关市，当时只是一个小镇，因人满为患，胡蝶一家只得暂住船上。后来，广东电信局长李大超资助胡蝶，盖起了一幢简易房屋，取胡蝶和潘有声名字中的各一字，名为“蝶声小筑”。

桃花湾之夜　麦光荣 摄

辗转住进桃花湾

随着战火逐渐逼近曲江，胡蝶和丈夫潘有声只得离开曲江。本来想到重庆，但是去重庆的交通很不方便，只得脚踩西瓜皮，溜到哪里算哪里，走一程是一程。1943年10月，胡蝶一家抵达西南大后方的广西桂林。

胡蝶一家受到在广西当局的热情款待，安排他们下榻桂林市中心区域乐群社的旅社，这里有中西餐厅、浴室、文化和体育等部，招待食宿，还有文娱活动。（如今在桂林城中心区域有一条乐群路，乐群路附近有个乐群市场，当年的乐群社就在那条路上。）

说起这乐群社，非同小可。它是当时新桂系的一个闻名全国的特工机构。1932年3月，蒋介石成立了以留俄生为骨干的复兴社（即蓝衣社，因成员皆穿蓝衣而得名），用来对付共产党和桂系，而桂系则以牙还牙，同年9月成立了以王公度为首的留俄生组成的特务机构乐群社。李宗仁、白崇禧、黄旭初分别任名誉正副理事长，夏威为理事长，真正负责人是桂系当时的第四号人物王公度，程思远为总干事，管日常事务。新桂系称，“北有复兴社，南有乐群社”，其用心已昭然若揭。乐群社的招待员、旅馆茶房、餐厅跑堂、戏院带位、舟船渡夫等，都是经过培训的特工，除了桂林，这些特工还分布在南京、上海、香港、广州等地 “对外联络”，搜集蒋介石与蓝衣社的反桂情报。乐群社对于自己的客人，全方位监控。王公度是神秘人物，常于夜间办公。蹊跷的是，1937年9月15日凌晨，桂军即将北上抗日之时,李宗仁下令逮捕并枪决了王公度， 罪状是“谋反”、“托派”。乐群社总干事程思远在《政坛回忆》书中说：“王案的确是一桩错案。”王公度一案，历来众说纷纭，莫衷一是，有人说他是“共谍”，有人说他是蒋介石安插在桂系的卧底，有人说他冤枉，历史的真相到底如何？不得而知。

闲话休提。话说胡蝶一家住在乐群社的旅社，闻讯胡蝶到了桂林，桂林文化界人士胡蝶的老师洪深，上海的演艺界故友田汉、欧阳予倩，电影明星路明等纷纷前往探望。乐群不能久待，胡蝶托路明帮忙，一家人住在桂林西巷路明的表姐家里。这里地处市中心，人多眼杂，很不安全，许多影迷，用今天的话来说就是胡蝶的铁杆粉丝，上门来求一睹影后风采，弄得胡蝶整月惶恐不安，出门吧，又怕不安全；窝在家里吧，又不得安然，左也难来右也难，好比鲤鱼上河滩。万般无奈，胡蝶只好托人找到桂林市警察局局长谢凤年，请他帮忙找一处僻静安全的住所。谢凤年不敢怠慢，将此事报告给了广西民政厅厅长邱昌渭，邱把自己的在桃花湾的公馆，具体地址就在如今西山公园旁边的驻桂某部，腾出一间安顿好胡蝶一家。

住定之后，胡蝶心里牵挂着那30箱行李，化装出门探听消息。据说，这些行李之中，有名贵衣物、首饰，还有各国名人朋友的照片、题字等，价值达几十条黄金，还有一部分是帮会头子的阔太太们和国民党高官的小老婆托胡蝶捎带的高级走私物资，如后方紧缺而昂贵的进口西药、化妆品等，如能运到重庆出售，是很受欢迎的畅销货，可以从中获得暴利。

一天，胡蝶在桂林后库街旧货市场，发现一家拍卖行内挂着一件银色的狐皮大衣很眼熟，仔细察看，天哪，这件大衣正是自己的！怎么会出现在桂林？

桃花江之夜捕　陆宇堃 摄

戴笠猎艳获良机

完了，30箱行李出事了！真的出事了！胡蝶花容顿失，几欲晕倒。那里面装的是胡蝶前半生几乎所有的心血和积蓄。胡蝶病倒了，憔悴不堪，一下子似乎老了许多。胡蝶的丈夫潘有声，一面请大夫给胡蝶看病，一面向桂林市警察局局长谢风年报案。谢亲自查案，依然查无线索。

前线吃紧，战火不断向桂林逼近，桂林市警察局局长谢风年为胡蝶夫妇买好机票，并将机票送到胡蝶夫妇手中。于是，胡蝶夫妇于1942年11月飞抵重庆。

到了重庆，胡蝶要做的第一件事，就是追查自己失去的财产。胡蝶找到了朋友林芷茗，林芷茗的丈夫是重庆警备司令杨虎，她先借住在了杨虎家。胡蝶向林、杨哭诉了一番，杨虎与国民党军统局局长戴笠很熟，他知道戴笠肯定有办法，便将此事告知戴笠，请戴帮忙查办此案。戴笠听了案情，满口应承此事包在他身上。

戴笠垂涎胡蝶久矣，多年前他就是胡蝶的影迷，戴笠跟唐生明交情深厚，唐生明的夫人徐来，就是活色生香的电影美人。戴笠很羡慕唐生明，一直物色影星胡蝶这类女人来做自己的夫人，不仅有才有貌有活力，而且有名声和社会影响力，最好还能像蒋校长的夫人宋美龄那样，能够在政治上对他工作有帮助，能够搞夫人外交。情场老手戴笠一直苦于无法接近胡蝶，这下他猎艳的天赐良机终于来了。

战乱时期，劫匪如毛，人们连性命都难保，更不用说财产了，上哪里去找胡蝶的宝贝？戴笠为了讨胡蝶的欢心，派人仔细问胡蝶什么款式，什么样子，戴笠忙按胡蝶提供的丢失账单派人到外国火速购买回来，谎称追回了一部分财物。胡蝶看到这些珠宝和衣物不是原物，但成色与款色更新，价值更贵，也就默认了，自然打心里对戴笠感激涕零，对此案不再深究。戴笠为了给胡蝶解气，他一直把杨惠敏关在牢房。

胡蝶是个有夫之妇，戴笠觉得很不方便，为了支开潘有声，戴笠给他找到一份在昆明的又体面又赚钱的肥缺美差——战时货物运输局专员，还给他办理了战时运输通行证。戴笠和胡蝶住进了神仙洞公馆，两人秘密同居，直到1946年3月17日，戴笠飞机失事摔死于南京近郊，胡蝶才与潘有声在上海重聚。戴笠死后，杨惠敏获释。

1987年8月，《胡蝶回忆录》在大陆出版。人们奇怪的是，这本回忆录中对杨惠敏竟然只字未提，也未说起当年行李遭劫之事。这是为什么？是她淡忘了此事，还是她对杨惠敏深怀愧疚？